**EU CARREGUEI MEU PAI
SOBRE MEUS OMBROS**

Fabrice Melquiot

EU CARREGUEI MEU PAI SOBRE MEUS OMBROS

Melodrama épico

Tradução de Alexandre Dal Farra

Cobogó

A descoberta de novos autores e novas dramaturgias é a alma do projeto artístico que estamos desenvolvendo em La Comédie de Saint-Étienne desde 2011. Defender o trabalho de autores vivos e descobrir novas peças teatrais significa construir os clássicos de amanhã. Graças ao encontro com Márcia Dias, do TEMPO_FESTIVAL, e à energia dos diferentes diretores dos festivais que compõem o *Núcleo*, nasceu a ideia de um *pleins feux* que permitirá associar oito autores franceses a oito autores brasileiros e traduzir, assim, oito peças inéditas de cada país no idioma do outro; no Brasil, publicadas pela Editora Cobogó.

Na França, o Théâtre national de la Colline (Paris) e o Festival Act Oral (Marselha) se associaram à Comédie de Saint-Étienne para dar a conhecer oito peças brasileiras e seus autores.

Romper muros e construir pontes para o futuro: essa é a ambição deste belo projeto que se desenvolverá ao longo de dois anos.

Arnaud Meunier
Diretor artístico
La Comédie de Saint-Étienne,
Centre dramatique national

SUMÁRIO

Sobre a tradução brasileira, por Alexandre Dal Farra 9

**EU CARREGUEI MEU PAI SOBRE MEUS OMBROS –
MELODRAMA ÉPICO** 13

Sobre a Coleção Dramaturgia Francesa,
por Isabel Diegues 191

Intercâmbio de dramaturgias, por Márcia Dias 195

Plataforma de contato entre o Brasil e o mundo,
por Núcleo dos Festivais Internacionais de Artes
Cênicas do Brasil 197

Sobre a tradução brasileira

Desde o princípio, a proposta de realizar uma tradução do texto *J'ai pris mon père sur mes épaules* me soou como um desafio imenso, não só pela tarefa da tradução em si, já que não sou tradutor, mas também pela magnitude da obra: seu caráter de epopeia carrega importantes aspectos de linguagem, e há um trânsito entre diversos registros que complexifica o trabalho.

A primeira parte da preocupação, que advinha do fato de eu não ser um tradutor profissional, pareceu ser constitutiva do projeto em si, de maneira que o fato de eu ser dramaturgo e encenar meus próprios textos me daria um olhar peculiar e interessante. Penso, então, ser de grande valia a proposta geral do projeto: se não se trata de um olhar especializado em tradução, o contato constante com a cena e com o texto encenado contribui, de uma outra maneira, para o resultado.

A segunda parte da preocupação, no entanto, se manteve ao longo do trabalho, e foi o que encarei como desafio central. Grande parte do efeito, a meu ver, de *Eu carreguei meu pai sobre meus ombros* está no todo, na somatória das cenas, dos diversos registros, poéticos ou, por vezes, mais cotidianos, que constroem essa trajetória de fôlego, e importante. Como no caso da epopeia, em que o autor se inspira (particularmente na *Eneida*), é no todo que as partes se justificam – talvez não no sentido de gerar uma *unidade* total e fechada, mas de uma somatória de acontecimentos, de atos que se contradizem, de tragédias que, no final do espetáculo, proporcionam um olhar amplo, que sobrevoa os detalhes do dia a dia (sem ignorá-los). O oscilar entre o registro épico/lírico e as cenas mais propriamente dramáticas parece, no caso de *Eu carreguei...*, se referir à importância do todo, ao aspecto épico, no sentido original da palavra, das ações que presenciamos: trata-se de narrar uma história e, se cada pequeno gesto é fundamental, todos eles concorrem para construir algo maior.

Dito isso, o gesto mais importante da obra, ao que parece, está em colocar a epopeia, a trajetória grandiosa, em contato direto com a realidade (e com a linguagem) das *cités* de Paris, o que dificulta ainda mais a tradução, já que se trata de algo bastante específico da realidade francesa. O interesse, no entanto, está justamente no fato de que a linguagem urbana, as gírias e expressões "locais" não são, aqui, os pressupostos de uma aproximação com a realidade. Ao contrário, a linguagem se afirma na sua artificialidade e poesia, ao mesmo tempo em que afirma de maneira mais profunda a conexão com um vocabulário que não é apenas o da "norma culta".

Trata-se, portanto, de uma linguagem peculiar, nem apenas poética nem de modo algum naturalista, e que oscila entre momentos mais épicos e outros mais dramáticos, colocando-se em contato com um vocabulário específico, que não consta dos dicionários. Tudo isso compete para aumentar a dificuldade de uma tradução, mas ao mesmo tempo aumenta, para mim, o interesse na linguagem. Assim, o desafio de buscar tensões equivalentes no português torna-se um trabalho criativo, que me oferece a possibilidade de olhar de uma outra forma para a minha própria escrita e para o meu próprio teatro. Embora sejam caminhos bastante diversos, creio que há uma aproximação possível entre o meu trabalho e o de Melquiot nas questões que movem a escrita, nas preocupações de fundo. Nesse caso, é ainda mais interessante olhar para o trabalho de um colega que se utiliza de caminhos tão outros para abordar e apontar questões semelhantes.

Dessa forma, essa tradução tornou-se (talvez não pudesse ser diferente) não apenas um olhar sobre o texto de um outro, mas também, inevitavelmente, uma possibilidade de olhar de um jeito diverso para a minha própria escrita, já que, talvez pela primeira vez, eu estivesse, na prática, escrevendo uma peça em português que não era minha. Se no início do trabalho eu me perguntava muitas vezes, antes de chegar a uma formulação interessante, *como ele escreveria isso?*, ao longo das mais de 170 páginas traduzidas, aos poucos criou-se, ao que parece, um certo registro próprio da peça em português. Tal registro certamente não é o meu, e talvez não seja também exatamente o registro original, mas, se tive algum sucesso, é uma espécie de recriação no português, e através de um certo olhar (o meu) para essa outra língua.

Preciso, além de tudo, mencionar a importância – sobretudo no contato com as expressões específicas de que a peça se utiliza, e auxiliando no trabalho como um todo – da parceria de Janaina Suaudeau, que foi fundamental para a tradução.

Alexandre Dal Farra

EU CARREGUEI MEU PAI SOBRE MEUS OMBROS

Melodrama épico

de **Fabrice Melquiot**

PERSONAGENS

ANISSA

ENÉE

ROCH

GRINCH

BAKOU

MOURAD

O FANTASMA DE FILIP

BETTY

CÉLESTE

"Onze invernos você terá renunciado ao dia da
esperança, à respiração do seu ferro incandescente,
em performances psíquicas atrozes."

RENÉ CHAR, *Le bouge de l'historien*

"Não há questões mais urgentes que as questões ingênuas."

WISLAWA SZYMBORSKA, *De la mort sans exagérer*,
extrato do poema "Fin de siècle"

Aqui se debatem humanos, abandonados à sua sorte na Cité[1]
pelos deuses e presidentes. Abandonados aos tremores de
terra e às doenças mortais, às traições e ao perdão. O épico
persegue até o menor gesto, esvazia a língua até a menor
palavra, reivindica até o anedótico a menor frase, que carrega às vezes a mesma dimensão das grandes declarações.
torce a epopeia virgiliana em que a peça se inspira: Enée
não obedece a uma profecia, não é um joguete do destino:

---

[1] No original, *cité*, palavra usada para designar os conjuntos habitacionais
nas periferias de Paris e em outras grandes cidades. A especificidade da
palavra pareceu impedir uma tradução satisfatória, por isso decidimos
deixar em francês. (N.T.)

aqui, estamos no coração da *philia*, a amizade entre cidadãos, espaço religioso e político dos dias de hoje. Os deuses não falam mais, as autoridades estão gastas, as promessas substituíram as profecias e os presságios, de forma que subsistem somente ressurgimentos noturnos, nos sonhos (ruins).

Às vezes, à maneira dos *lazzi* da *commedia dell'arte*, algumas cenas parecem se desconjuntar ou se prolongar, para concentrar a atenção do leitor/espectador sobre um detalhe que pode parecer incongruente, ordinário, na periferia das questões principais da dramaturgia. Eu pensei muito em certos filmes de David Lynch, *Uma história real*, por exemplo, outra epopeia íntima e mortuária na qual a duração dos planos parece brincar o tempo inteiro com a nossa espera e com um ritmo integrado, eficaz, quase que natural. Para dizer de outra forma, há um antes e um depois dos nós.

Eu espero que a peça, por nos convidar a carregar nos ombros aqueles que o mundo esmaga, seja lida como uma aceitação da vida, carregada da energia própria ao desespero.

(N.A.)

1. NÓS ÉRAMOS A CASA

Ela chega decidida.

ANISSA: A cena representa o meu coração
E os processos obscuros
E os processos magníficos
Que o fazem pulsar

Nós vemos aqui as palavras que meu coração envia
Ao resto do meu corpo para clareá-lo

Clarear a palavra quadril
A palavra peito
Clarear a palavra cu
Senão os meus órgãos e os meus membros
Viveriam sem direção

Não vá acreditando que eu
Vegeto no hall do prédio
Nos odores de mijo e de cândida
Eu não sou
A menina escondida atrás da cortina que
Rumina aquilo que perdeu
E espia os outros
Os outros
Que imagina necessariamente mais felizes

Não me cataloguem

Eu tenho esse coração
Que vocês veem
Representado na cena
A sua majestade põe amor em cada um dos
meus gestos

Para além do meu coração
A cena representa um prédio
Admitamos que o prédio em questão seja de
certa forma
Um outro corpo
Não é exagero se nós considerarmos o tempo
que eu passei aqui
O mais claro
Ainda

Onze andares de concreto maciço
Erigidos em 1962
Na época
Ainda havia jardins
Trabalhadores
Aos pés da construção
Eu tenho fotos do meu pai e da minha mãe
posando
Orgulhosamente
Na frente do alambrado

Durante a temporada de 62-63
O Saint-Étienne participa
Pela primeira vez
Da Liga dos Campeões
Nesse ano o maior artilheiro do time é
Robert Herbin

Em dezembro de 62
Nós festejamos o retorno de
Rachid Mekhloufi

De 1956 a 1958
Mekhloufi vestiu o uniforme da equipe francesa
Quatro vezes
No Saint-Étienne era um titular indiscutível
Ele deveria ter disputado
A Copa do Mundo na Suécia
E vestido o uniforme
Azul
O short
Branco
As meias
Vermelhas

Mas no dia 14 de abril de 1958
Mekhloufi preferiu se mudar para a Tunísia
Para participar da fundação
Do time do FLN
Ele esperava promover
Pacificamente
A criação de um estado independente argelino

Esse cara nunca tomou um cartão
Nem mesmo um
Uma carreira inteira sem advertência

Meu pai queria
Um filho
Ele teve
Três filhas
Ele morreu disso
Aos 67 anos
Um ano antes da minha mãe
Eu teria gostado de ensiná-los a ler
Mas pro meu pai era a picareta e o rádio
E pra minha mãe a comida e o tricô

Vejam esses muros
47 centímetros de espessura

Entra-se ali como se fosse em um moinho
O hall do prédio vive cheio de espécies de
todo tipo
A maioria considera moletom
Um traje chique
Há três quatro anos
Vende-se o máximo
Sobretudo erva e bala
Muitas vezes eu dou meus berros
E o aviário se acalma
Eu limpei a bunda deles todos
Hoje em dia são homens de dois metros de altura
De barba
Diploma e óculos de sol

Eu me chamo Anissa
Eu amo dois homens
Eu amo os dois
Ninguém sabe disso
Eu os projeto para mim numa tela dupla
Do jeito que dá

A cena representa os meus amores
Eu aviso vocês que é complicado
Pois a vida está trabalhando nos
Órgãos supracitados
Eu estou esperando um filho
Um filho de um dos dois
Do qual nenhum deles sabe
Nem que eu estou grávida
E menos ainda que há dúvida
Sobre a identidade do pai

A qualidade do amor que eu tenho por um
Difere da qualidade do amor
Que eu tenho pelo outro
Mas o céu das duas geografias
É azulíssimo

Eu não vou me reter
Em uma informação
Que será entregue a vocês logo mais
Dos dois amores nascidos entre
Esses muros de 47 centímetros de espessura
O primeiro me liga ao pai
E o segundo ao filho

É isso
Está dito

Uma última coisa
A morte
A morte também está trabalhando
Em certos órgãos representados na cena
Vocês verão então a coragem se esfolar
Até os ossos
Vocês verão a inteligência quando
A matéria assim nos permite
Um pouco
O desespero
Enfim
Com o qual nós teremos que tecer um diálogo
Construtivo

Uma coisa é certa
Não são dois homens
Que me definem
Tampouco um trabalho
Nenhuma função
Eu me defino
Sozinha
E
Por mim mesma

Tudo o que eu acabei de enunciar
Não sou eu
Isso é tudo o que eu não sou
Eu sou todo o resto

2. OS CORPOS SUGERIDOS ERAM POUCO CONFORTÁVEIS

A casa. Da mão de Roch pende um coelho morto.

ROCH: Filho. Que que cê tá fazendo?

ENÉE: Estou brincando de Playmobil. Que que cê quer?

ROCH: Que que cê tá fazendo?

ENÉE: Meu pai às vezes me chama desse jeito
E eu estou em plena reflexão sobre
De onde vêm os jeans
Por exemplo
Ou se eu vou
Me tatuar
Ou não me tatuar
Ou então eu penso *nela*
Como era o caso nesse instante
Ela
É como uma gazela imaginária que corre em
Uma floresta imaginária

ROCH: Ah, mas o que você está fazendo?

ENÉE: Eu estou lendo, tenho o direito de ler.

ROCH: Tá lendo o quê?

ENÉE: Tô lendo o jornal.

ROCH: Pra quê? Amanhã tudo isso vai ser velho.

ENÉE: Atingi o grau máximo do tédio, então estou dando uma lida.

ROCH: Anda logo, você vai cozinhar para a gente, comprei um coelho.

ENÉE: Oi?

ROCH: Faz uma coisa pra gente comer, você sabe fazer um civê?

Enée aparece.

ENÉE: Civê do quê? Que que é civê?

ROCH: Bom, civê de coelho. Dois quilos. Tá bonito, hein?

ENÉE: Se eu soubesse eu faria todos os civês do mundo, pai, mas eu não sei o que é um civê. Quer que eu faça assim mesmo?

ROCH: Como que você vai fazer se você não tem ideia do que é?

ENÉE: Eu penso civê na minha cabeça, e pronto. Civê. E, pá, eu civeio.

ROCH: Se todos os cozinheiros do mundo fizessem que nem você, o Guia Michelin seria tão instável quanto a bolsa.

ENÉE: Dá o coelho.

ROCH: Um civê é que nem um ragu, é sinônimo tudo isso aí, ragu, civê. Se você sabe fazer um ragu, você sabe fazer um civê. Você corta o bicho, faz um bom molho de vinho tinto e cebola, por exemplo, e depois você junta nesse molho o sangue do animal.

ENÉE: Faz tempo que a gente não come coelho. Estava com desconto?

ROCH: Megadesconto.

ENÉE: Faz quanto tempo que a gente não come carne? Qual é a grande ocasião?

ROCH: Eu tô com câncer.

ENÉE: O que você disse?

ROCH: Eu tô com câncer, a gente vai comer coelho. Comprei um vinho, não peguei dos melhores, hein, é para o molho. Mas a gente vai beber do bom, vou ver na adega o que ainda tem nas prateleiras, deve ter alguma coisa pra fazer o Pernalonga sorrir.

ENÉE: Você está com câncer?

ROCH: O que foi? Que bico é esse? Parece até que você nunca viu gente com câncer. São pessoas normais, só têm umas perfusões que levam para passear por aí que nem um cachorro, e são magras, e é isso, vai, ajeita esse bico aí. Não é nada. Não acabou. A prova é que a gente vai comer coelho. Não é o câncer quem vai traçar ele, somos nós.

ENÉE: É câncer do quê?

ROCH: Chama osteossarcoma.

ENÉE: É o quê, essa merda?

ROCH: É o meu joelho, o joelho que eu bati, sabe. Não é uma torção nem um rompimento. São os ossos, a totalidade dos ossos, é o esqueleto. É por isso que incha, é por isso que dói há semanas, porque são os ossos.

ENÉE: Isso é uma merda. Isso é uma merda espessa e mole. Guarda pra você a sua merda com o seu câncer estúpido. Engole essas palavras, estou te falando, engole, é isso que você vai comer em vez do seu ragu/civê de coelho estúpido.

ROCH: Nossa.

ENÉE: Quê?

ROCH: Relax.

ENÉE: *Relax?*

ROCH: Também não é um escândalo, já deu.

ENÉE: Deu, deu o quê? Não deu nada.

ROCH: Vai ler o seu jornal se você não quer comer, eu vou fazer um civê para mim e não vou te dar nada, nada mesmo.

ENÉE: Por que você acha que eu quero comer?

ROCH: Você descobriu agora que eu vou morrer? Não, você não descobriu isso agora. Os filhos sabem isso sobre os pais desde sempre, eles sabem porque está escrito, preto no branco, no contrato: você é filho, e aí, é a ordem das coisas, você vai ter que enterrar o seu velho, é assim, e assim é bom, porque eu não conseguiria suportar a desordem de quando o filho vai antes do pai, que nem o Grinch. Grinch, vai fazer três anos que o Filip morreu e você pode ir sonhando que ele vai se recuperar da morte do filho dele; o Grinch dá uma de fortão, mas é só por fora. Não precisa chorar se a gente se for, não é nada de mais, a gente aproveitou a beleza e a sacanagem, tivemos os nossos momentos, fizemos o nosso caminho, vamos poder dizer para as larvas: esta carne viveu, é por isso que ela não é macia.

ENÉE: Um segundo passa
Um outro segundo
Um terceiro
São os nossos
Três segundos
Nossos três segundos
Nossos três segundos
Que já somam nove

ROCH: Eu estou vivo. Nada que está vivo pode ser salvo. Você vai me salvar quando eu tiver morrido.

ENÉE: Você vai parar de procurar trabalho?

ROCH: De qualquer jeito.

ENÉE: Eu vou continuar, vou aceitar umas coisas.

ROCH: Eu não vou durar muito, sabe? O médico disse.

ENÉE: Um segundo passa
Um outro segundo
Um terceiro
Esses são nossos três segundos
Nossos três segundos
Nossos três segundos
Que já somam nove
Nove mais nove
Dezoito

Então é um câncer de joelho?

ROCH: Tipo. Câncer de joelho. Soa estúpido.

ENÉE: Sim, joelho soa estúpido.

ROCH: Vai ter cobertura.

ENÉE: Cobertura?

ROCH: Sim, cobertura.

ENÉE: De quem?

ROCH: Do seguro de saúde, o que você queria, do Espírito Santo?

ENÉE: Tem as economias. A gente pode pagar especialistas mundiais.

ROCH: Com 2.743 euros? É um grão de areia no deserto.

ENÉE: Que papel eu tenho que fazer? Eu não sei.

ROCH: Também não sei mais. Mas eu prefiro o outro.

ENÉE: Que outro?

ROCH: Eu olho nos olhos do meu filho
Ele baixa os dele
Ele olha o carpete
Eu olho o seu rosto
Ele é bonito ele tem
Um rosto bonito
Eu fiz bem feito o seu rosto
Nós fizemos bem feito
É bom isso, os meninos bem-feitos
Eu não teria suportado ter tido um menino feio
Levando em conta que eu sou um homem
muito bonito
Eu teria achado isso injusto e ninguém
Tem vontade de passar a vida com
A injustiça no meio da sala

ENÉE: Está pensando no quê?

ROCH: Em você.

ENÉE: Para quê?

ROCH: Eu não vou ver ele se tornar um homem
Não é um homem ainda é
Um tonto

Um bebê num casulo
Olha esses braços
Olha esses ombros
Pernas de saracura
Eu não vou ver tudo isso ganhar músculo
E ainda mais ele sempre está fazendo merda,
ele já está fazendo merda vai fazer merda ainda
mais ele não vai
Fazer nada da vida
Ele vai me enterrar ele não vai ter a força nem de
Carregar
O
Caixão
Vai ser o idiota fraco carregando o buquê de
tulipas

ENÉE: Está tudo bem?

ROCH: Por quê? Não parece?

O chão de repente começa a tremer.

ROCH: Que que é isso?

ENÉE: Está tremendo.

ROCH: Sim, estou vendo que está tremendo.

ENÉE: É um terremoto.

ROCH: Aqui não tem isso de terremoto.

ENÉE: Com certeza é um terremoto. A gente tem que sair, vamos.

ROCH: Mas não tem aqui, não tem!

ENÉE: Se segura em mim.

ROCH: Não precisa, você está achando que eu sou o quê?!

ENÉE: Cala a boca, você não está vendo que não está se aguentando nas pernas?

Enée cai no chão.

ROCH: Por quê? Você está se aguentando nas pernas, por acaso?

Escuta-se um choque, sobrepondo o rumor do terremoto.

ROCH: Que foi isso, merda?

ENÉE: Lá embaixo, na janela, a pomba, você viu.

ROCH: Ela se espatifou.

Escuta-se um segundo choque, um terceiro.

ENÉE: Elas estão mesmo se enfiando com tudo nas janelas.

ROCH: Isso é grave.

Um muro desmorona.

ENÉE: Papai!

ROCH: Está tudo bem.

ENÉE: Embaixo da mesa, embaixo da mesa!

Eles se abrigam embaixo da mesa.

ROCH: Mas normalmente não tem disso, normalmente não acontece isso aqui.

ENÉE: Já volto.

ROCH: Aonde você vai?

ENÉE: Já volto. Não se mexe.

Enée desaparece.

3. S.O.S. DE UM TERRÁQUEO EM SOFRIMENTO

ANISSA: A cena representa
A terra que
Treme
E na minha casa
Constatem
A desordem
Prateleiras caídas
E quadros partidos aos pés das paredes
Esse quadro, por exemplo, esse quadro que eu
adoro dos meus pais
No calçadão de Nice em 78
Minha mãe sempre me disse que a trilha
Dessa foto
Era Daniel Boulaouane
Que ele era um rapaz bonito
E que ele cantava bem

Daniel Boulaouane
E isso sempre me deixou muito
Espantada
Que ela dissesse isso
Porque as músicas
A minha mãe não estava nem aí para elas
Ela não cantava
Absolutamente nunca

A cena representa o maior estupor
No bairro e na cidade
Onde os estragos serão em breve
Estimados
Por especialistas
Em estimativas
É
Um dia de semana relativamente banal
Exceto que
Enée corre para me anunciar
Que seu pai vai morrer
Ele acabou de lhe dizer: eu tenho câncer e a
frase
Ficou fixada no seu coração
Como a estaca do caça-vampiros
E ele amaria porra como ele amaria
Poder
Impedir essa merda
Ele corre para me berrar que não é justo
Que ele teria querido que isso caísse sobre ele
Sim Anissa sim eu é que deveria cair morto
entende porque ele é o melhor dos caras sabe
enquanto que eu passo todo meu tempo estra-
gando tudo não querendo nada sem saber de
nada vagando por aí pelas latrinas da vida e nin-
guém vai nunca me dar uma chance eu sei
E eu vou pegar uma cerveja para ele
E ele a beberá

E eu farei tudo o que se pode
Para que ele engula as lágrimas
Porque eu o amo
E porque as mulheres aguentam tudo
Melhor que os homens
E se eu tiver vontade de chorar
Então eu não chorarei

Batem na porta.

Anissa vai abrir.

Escutamos sirenes.

ANISSA: Enée.

ENÉE: Nossa, você viu isso?

ANISSA: Como ficou lá em cima?

ENÉE: Se você me dissesse que é o fim do mundo, eu acreditaria.

Meu pai está com câncer.

ANISSA: Quê?

ENÉE: Ele está com câncer.

Silêncio.

ANISSA: E isso impede ele de sair?

ENÉE: Eu não sabia que tinha câncer de joelho. É tosco, parece até piada. Pra quem você vai dizer "meu pai tem câncer de joelho"?

ANISSA: A gente estava falando sobre o terremoto.

ENÉE: Eu estou tentando encontrar uma cronologia.

ANISSA: Você quer uma cerveja?

ENÉE: É que nem os caras que trabalham no cassino, eu tinha um amigo que tinha achado um esquema. Ele disse para a gente que era crupiê. Crupiê, você conhece a palavra?

ANISSA: Conheço.

ENÉE: Você está procurando um trampo e você se torna crupiê. Todo mundo acha que parece putaria, que é um tipo de michê. Mas você só trabalha em um cassino, um trabalho sério, distribui a grana.

ANISSA: Tem que limpar, me ajuda.

ENÉE: Depois eu arrumo tudo isso pra você, senão como você quer achar o seu mundo de novo?

ANISSA: Você deixou ele sozinho.

ENÉE: Eu precisei. Eu estava com medo. Do que podia ter te acontecido.

ANISSA: Provavelmente a seguradora vai foder a gente.

ENÉE: Saúde.

ANISSA: Saúde.

ENÉE: Dá para dizer que o meu pai armazena as merdas. Se ele fosse fazer uma lista das coisas fodidas dele, ia precisar de um livro bem grosso, tipo um dicionário.

ANISSA: Eu sempre me digo: pode sempre ser pior.

ENÉE: Mas nesse caso você admite que é a mais.

ANISSA: Você sabia que os polvos têm três corações e nove cérebros? Se nós fôssemos polvos, se tivéssemos três corações e nove cérebros, nossa tristeza seria redobrada e nós não sobreviveríamos. Vamos ficar felizes de não sermos nada mais que humanos.

ENÉE: Por que você está me olhando assim?

ANISSA: Eu não estou te olhando, não é um olhar de verdade, estou só pensando no que a gente está dizendo, preciso olhar para algum lugar.

ENÉE: Você está olhando a minha cueca.

ANISSA: É isso. E de repente, no meio do inferno, ela se põe a olhar fixamente a cueca dele.

ENÉE: Está aparente.

ANISSA: Teus olhos estão saturados.

ENÉE: Te faz falta?

ANISSA: O quê?

ENÉE: Você sabe.

ANISSA: Não.

ENÉE: Mas você pensa nisso.

ANISSA: Não.

ENÉE: Eu penso.

ANISSA: A gente se distrai como pode.

ENÉE: Eu não sou suscetível.

ANISSA: Eu também não.

Silêncio.

ENÉE: Nós somos confetes, é tudo o que somos. Confetes na mão de um gigante que não quer saber de nada.

ANISSA: O que você vai fazer?

ENÉE: Eu imagino que a gente vá ao hospital. A gente pode ir mesmo sem grana?

ANISSA: A gente ainda tem alguns direitos neste país.

ENÉE: Câncer de joelho, você imagina?

ANISSA: Não.

ENÉE: Você não quer voltar a transar?

ANISSA: Também não.

ENÉE: Você está com alguém nesse momento?

ANISSA: É confuso.

ENÉE: E?

ANISSA: Você não precisa se fazer de inimigo da luz, meu querido.

ENÉE: Essa frase fala aos surdos.

ANISSA: Está tremendo de novo.

ENÉE: Quê?

ANISSA: Estou te dizendo que está tremendo.

ENÉE: Não estou sentindo.

ANISSA: É como um um rio correndo nos porões. Temos que sair.

ENÉE: Vou buscar meu pai.

ANISSA: Onde está o Grinch?

ENÉE: Vou passar pra olhar na casa dele. Ele é capaz de estar vendo *As pontes de Madison* enquanto todas as profecias de Nostradamus estão se realizando no mesmo dia. Você, não fica aqui.

ANISSA: Passa nos Messaoudi, às vezes a velha pode ter sido deixada sozinha. Eu acho que o pai Messaoudi tá numa obra no Sudeste.

ENÉE: A gente se encontra nos balanços.

4. UMA CRISÁLIDA

Em uma das ruas em volta do prédio.

GRINCH: A cena representa
O meu retorno aflito entre
As pessoas da *cité*
Vinte e cinco minutos
Depois do terremoto
Eu saí cedo
De manhã
Primeiro cliente servido no Pilou
O coador de café nos deixou na mão
Três cafés
E a língua queimada
Peguei um tipo de barco
Mental
Como eu faço quando eu não faço como de costume

Faço um barco pra mim na minha cabeça
E eu saio fora
Em direção ao oceano de asfalto que me serve
De plataforma para sonhar
Eu quebrei o ritmo no momento
Certo
Senão eu teria levado uma na cara
Com luva de pelica
Não teria ficado com cara de trouxa

É preciso saber fazer isso
Ter a coragem
A lucidez
A audácia

Eu não vou fazer a lista
De todas as vezes em que eu despertei da
Minha própria vida
Porque a cena não representa a lista
De todas as vezes que eu despertei da
Minha própria vida
Longe das tonalidades amareladas
Do trabalho e do pão
Do suor e da pausa para mijar
Isso seria indigno e
Escroto
Fixar o meu eu pessoal
Em pleno fracasso

Me deixa falar
Da visão do regresso
As pessoas da periferia que
Se seguravam umas às outras
Algumas ainda gritavam
Meninos encenavam para si mesmos o filme
com barulhos
A cena
No meio dos prédios

A maioria estava com a bunda na grama
Ou em cima das muretas
Caso recomeçasse
Faltavam muitos carros
Nos estacionamentos
Pessoas que partiram
Já longe
Como se estivéssemos no epicentro
Como se nós pudéssemos sê-lo
Nós não somos o epicentro
Nós nunca seremos o epicentro
O epicentro de coisa nenhuma
O único epicentro é
Meu buraco de bala
Que é o epicentro do
Meu cu
Eu continuo sendo educado

A cena representa
Nossos prédios
Essas janelas que as pessoas olham
Com medo
Como se as janelas
Atrás das quais
Nós passamos nossas vidas
Como se essas janelas, elas mesmas
Tivessem se transformado em
Olhares
Sobre elas
Sobre nós
E por todos os lados os vidros quebrados
Os olhares são cortantes

Mentalmente
Eu faço tudo explodir
Isso acontece muito comigo
Eu lanço bolas de demolição

Eu derrubo todas as barras
Não se fala mais nisso

A cena representa a minha chegada
Na comunidade
Degradada
Os homens e as mulheres
Fecham as portas
A tabacaria
O açougue Halal
A farmácia
As mulheres modernas se vestem de Chantal
50 anos de prêt-à-porter

Chame isso de *nós mesmos de joelhos*
Na relva e seus dejetos
Caninos
Humanos
Extraterrestres
Porque o cosmo na
Sua integralidade integral
Caga sideralmente na nossa cara

Cada um se afoga
No dia púrpura
Enquanto sob meu peito
O tambor
Incuba
O seu infarto
E sobre o tambor
Tatuagem
Ah é
Tatuagem

Eu me
Tatuei

ROCH: Quê?

GRINCH: Você entendeu.

ROCH: Você se tatuou?

GRINCH: Psiu. Não fala nada.

ROCH: Hoje de manhã?

GRINCH: É.

ROCH: Que horas?

GRINCH: Hoje de manhã né não sei fiquei nisso até agora.

ROCH: Mas onde?

GRINCH: Em um tatuador, né.

ROCH: Um tatuador onde?

GRINCH: Uma tatuadora.

ROCH: Uma tatuadora?

GRINCH: Você logo imagina ela boazuda, delicada, cheia de tato, mas não é nada disso.

ROCH: Ah.

GRINCH: Ela é precisa mas dói, essa é a reputação dela.

ROCH: Tatuagem sempre dói.

GRINCH: Mais ou menos, mas nesse caso eu pulei de dor, meu velho.

ROCH: Que ideia.

GRINCH: Você viu os microfones.

ROCH: E as câmeras.

GRINCH: Com certeza a BFM não vai deixar passar essa.

ROCH: Você devia mostrar pra eles a sua tatuagem.

GRINCH: A gente não é o epicentro, né?

ROCH: Sim, somos.

GRINCH: A gente é o epicentro?

ROCH: O prédio. Nosso prédio. É lá que estão os maiores estragos. Começou no porão, pelo que estão dizendo.

GRINCH: Idiotas, eles se fazem de importantes.

ROCH: Aliás, a propósito de idiotas que se fazem de importantes, eu vou te dizer antes que você saiba sei lá por quem, eu tenho câncer, é isso.

GRINCH: Quê?

ROCH: Esse não é o problema nesse momento. O problema vão ser os seguros, ainda não acabou.

GRINCH: Você tem câncer?

ROCH: É.

GRINCH: Câncer.

ROCH: É, câncer.

GRINCH: Câncer de quê?

ROCH: De joelho. Que nem os jogadores de futebol.

GRINCH: Você nunca foi jogador de futebol.

ROCH: É o cúmulo.

GRINCH: Existe isso, câncer de joelho?

ROCH: O nome é osteossarcoma. Não só de joelho. Mas o joelho no primeiro plano.

GRINCH: Um câncer grande?

ROCH: Não é pequeno. Garras grandes.

GRINCH: Grandes como?

ROCH: Vai chover, eu acho.

GRINCH: Responde.

ROCH: Além disso, a chuva.

GRINCH: Vai.

ROCH: Eu não sou médico. Eu não tenho um ultimato por enquanto. Do tipo te restam três meses. Não. Não sei. É vago.

Silêncio.

GRINCH: Agora você me. Agora você me deixou sem chão. Eu estou sem chão, meu velho.

ROCH: Você preferia o quê?

GRINCH: Que você me anunciasse que ganhou dez mil na loteria, por exemplo.

ROCH: A vida me deu pouco. Eu não vou perder muita coisa. Aqueles a quem ela amou mais do que a mim, aqueles que a felicidade empanturrou como gansos, eles poderiam amaldiçoá-la, a vida, e se sentirem traídos, abandonados, cachorros na frente das vitrines douradas que se afastam. No meu caso os únicos que eu amaldiçoo são você, Grinch, Enée, a mulher que foi a mãe dele, e a Anissa. São vocês que eu amaldiçoo. Eu amaldiçoo vocês por provocarem em mim feridas magníficas. Eu amaldiçoo vocês por convocarem em mim coisas como o amor e a amizade, vamos dar nome aos bois. São vocês que eu amaldiçoo.

GRINCH: Obrigado.

ROCH: Sem segredos.

GRINCH: Nos filmes sempre chove quando o sentimento de piedade está por todos os lados.

ROCH: Você tem piedade?

GRINCH: De tudo, sim.

ROCH: Não quero sua piedade.

GRINCH: A piedade não é vergonhosa, por quê? Ela é a potência máxima da amizade. Meu joelho escurece com o seu. Ele se cobre de sujeira. Eu espero pela dor total.

ROCH: Você é louco.

GRINCH: Desculpa.

De repente, Grinch vomita.

ROCH: O que você está fazendo?

GRINCH: O que você acha?

ROCH: Você vomitou?

GRINCH: Bom sim eu vomitei.

ROCH: A piedade vai longe pra você.

GRINCH: Ah meu Deus.

ROCH: Tudo bem?

GRINCH: Não, não tá tudo bem.

ROCH: Quer um lenço?

GRINCH: Um esfregão. Ninguém está olhando?

ROCH: Bom, está.

GRINCH: Quem?

ROCH: As pessoas.

GRINCH: Faz uma cabana pra mim, merda.

ROCH: Pronto.

GRINCH: Me esconde.

ROCH: Está melhor?

GRINCH: Estou.

ROCH: Desculpa, meu velho.

GRINCH: Sou eu.

ROCH: A piedade é violenta quando é verdadeira.

GRINCH: Quando é verdadeira é assim.

Silêncio.

ROCH: Você tem seguro?

GRINCH: Não.

ROCH: A gente já não pagava mais fazia tempo, mas a moça gostava da gente.

GRINCH: É preciso ter esperança.

ROCH: Se limpa, você está com uns pedaços aí.

GRINCH: Cala a boca.

ROCH: Que foi? É verdade.

GRINCH: Você acabou com o meu dia.

ROCH: Bom, então, é do que essa tatuagem, você vai mostrar, sim ou não, porra?

GRINCH: Pensar que esta manhã eu acordei otimista. Que idiota. Eu tinha francamente decidido encontrar alguém, se você quer saber.

ROCH: Quem?

GRINCH: Uma mulher.

ROCH: Você, uma mulher?

GRINCH: Eu tinha decidido.

ROCH: Não fala no passado, Grinch, é isso que é preciso fazer. Agora você tem a tatuagem, você tem o amuleto. Vai lá. Encontre, meu velho. Eu sempre te disse: você não foi feito pra viver sozinho com você mesmo. Tem gente que sabe ter companhia estando só. Você, não. Você não sabe. Quando você está sozinho, está sozinho.

Silêncio.

ROCH: Então, o que é? Mostra.

Grinch abre a camisa. Vê-se a Sininho tatuada sobre seu coração.

ROCH: O que é isso?

GRINCH: Ué, a Sininho.

ROCH: A Sininho?

GRINCH: É, Sininho. A fada Sininho. Peter Pan.

ROCH: Você tatuou a Sininho.

GRINCH: Ela vai me proteger. Que nem ela protege o Peter.

ROCH: Ela não protege ele, ela está apaixonada por ele.

GRINCH: Então, olha aí, por exemplo!

ROCH: Olha aí o quê?

GRINCH: É a fada do amor. Eu espero que ela esteja apaixonada.

ROCH: Apaixonada por você.

GRINCH: Isso.

ROCH: Mas se ela está com o Peter Pan.

GRINCH: Não por muito tempo.

ROCH: Boa sorte.

GRINCH: Você não gostou?

ROCH: Gostei, ficou bom.

GRINCH: Essa garota é um tesouro.

ROCH: Eu tenho a impressão de que pra você é totalmente um bom dia.

GRINCH: Eu decidi encontrar alguém, Roch. De verdade.

ROCH: Não?

GRINCH: Sim.

ROCH: É isso.

GRINCH:	Eu vou encontrar.
ROCH:	Que ótimo, Grinch.
GRINCH:	Em breve com certeza eu vou encontrar uma mulher.
ROCH:	Que se chamará Sininho.
GRINCH:	Claro que não, ela não vai se chamar Sininho. Ninguém se chama Sininho.

[CORTE DA CENA "NAS POEIRAS DA INDÚSTRIA"]

5. ATRAVÉS DE UM SÓ VIDRO

Enée e Bakou estão sentados perto da vidraça do kebab. Chegam Roch e Grinch.

BAKOU:	Oi Roch.
ROCH:	Oi Bakou.
ENÉE:	Grinch.
GRINCH:	Tudo bem, grande?
ENÉE:	*Diboua.*
GRINCH:	Bakou.
BAKOU:	O Enée me disse, Roch.
ROCH:	Te disse o quê?
BAKOU:	Bom ele me disse.
ROCH:	Ele te disse.

BAKOU:	É ele me disse.
ROCH:	E é isso que vocês estão comemorando?
ENÉE:	Eu tinha te dito pra não falar nada.
BAKOU:	Eu não podia não falar nada.
ENÉE:	Podia.
BAKOU:	Não podia, não.
GRINCH:	Vamos sentar, vai.
ENÉE:	O Bakou passou no primeiro teste dele.
ROCH:	É?
BAKOU:	Sim!
GRINCH:	Você passou, o que isso quer dizer?
BAKOU:	Eu vou gravar.
GRINCH:	Você conseguiu um papel? Em Paris?
BAKOU:	Isso.
ROCH:	É?
BAKOU:	Vai, eu pago.
ROCH:	Não precisa.
GRINCH:	Você ainda nem recebeu o salário e já está jogando fora.
BAKOU:	Passar no meu primeiro teste em um dia como esses prova que eu tenho uma estrela boa que vai brilhar em mim a vida toda e contra tudo.
ENÉE:	Com certeza.
ROCH:	Cês pegaram o quê?

ENÉE:	Eu peguei Adana, o Bakou pegou o Iskender.
GRINCH:	O que é mesmo o Iskender?
BAKOU:	É carne com pão, iogurte, molho de tomate e arroz branco. É delicioso.
GRINCH:	O Adana é o que tem pimenta?
ENÉE:	Pimenta e espeto de carneiro.
GRINCH:	É bom também.
ROCH:	Quer?
GRINCH:	Eu que pago.
ROCH:	Você já deixou não sei quanto pela sua tattoo.
ENÉE:	Que tattoo?
ROCH:	Grinch fez uma tatuagem.
ENÉE:	Ah.
BAKOU:	Não tem idade pra isso.
GRINCH:	Por que você diz isso?
BAKOU:	Por nada.
ENÉE:	Tatuou o quê?
ROCH:	A Sininho.
GRINCH:	Ah, fala sério.
ROCH:	Quê?
ENÉE:	A Sininho?
BAKOU:	É legal a Sininho.
GRINCH:	Tem umas coisas que podem ficar entre nós ou agora precisa espalhar pra todo mundo?

ROCH: Tá, então que papel é esse, Bakou?

BAKOU: É pra uma propaganda.

ROCH: Ah, uma propaganda.

GRINCH: Você vai gravar uma propaganda.

BAKOU: Uma propaganda grande.

ENÉE: Tem roteiro e tudo.

ROCH: Agora eles fazem roteiros.

GRINCH: É propaganda de quê?

BAKOU: Barilla.

GRINCH: Ah, Barilla.

ROCH: Sério, Barilla?

BAKOU: É.

ROCH: É ótimo, todo mundo conhece a Barilla.

GRINCH: Se todo mundo conhece, por que eles precisam fazer propaganda?

BAKOU: Eles estão lançando novas massas com ovo.

ROCH: Ah, é?

BAKOU: Light, mas cheias de vitaminas.

GRINCH: E o slogan é o quê? "Seja magro e forte ao mesmo tempo"?

BAKOU: Não. O slogan é: "É Barilla".

GRINCH: "É Barilla"? Só isso?

ROCH: É eficaz.

BAKOU: É impactante.

GRINCH: Impactante, o que isso quer dizer?

BAKOU: Eu faço um cara de um time de rúgbi. Um dos jogadores quebrou o braço durante o último jogo, que o nosso time ganhou. Para reconfortá-lo nós preparamos uma boa refeição que a gente comeu todos juntos, com nossos uniformes ainda úmidos de suor, debaixo das árvores de um grande jardim.

GRINCH: Você faz um jogador de rúgbi?

BAKOU: É.

Silêncio.

BAKOU: Quê?

ROCH: Que bom.

GRINCH: Você não tem o tipo físico. Você não é grandalhão.

BAKOU: Porque eu como as novas massas com ovos da Barilla.

ROCH: Magro e forte ao mesmo tempo.

BAKOU: Eu sou a encarnação do jogador de rúgbi do século XXI.

GRINCH: E depois de um jogo os jogadores de rúgbi se encontram logo em seguida num jardim pra comer macarrão todos juntos, eles vão com os seus uniformes todos nojentos, não tomam nem uma ducha, nada?

BAKOU: É uma propaganda.

GRINCH: Mas que jardim é esse?

Silêncio.

ENÉE: É um começo.

BAKOU: Depois dessa não paro mais.

GRINCH: Com certeza, os começos é que são difíceis. Depois vai.

ROCH: É como a quimioterapia. No começo você sofre pra caralho. Depois são férias.

Silêncio.

BAKOU: Por que você está comparando minha propaganda à sua quimioterapia.

ROCH: Me veio.

BAKOU: Todo mundo me culpa, eu tenho a impressão que é porque eu conquistei uma coisa enquanto todo o resto do mundo está levando porrada. Eu não vou me martirizar por solidariedade. Não é culpa minha se eu passei nesse teste. Não é culpa minha se eu vou fazer o equivalente a quatro salários mínimos em um dia.

ROCH: É bonito, quatro salários mínimos. A Barilla está bem. Eles não financiam quimioterapia? Do tipo bolsas pra doentes de câncer, eles não fazem isso?

GRINCH: Vocês pediram Coca-Cola. Eles não têm Nestea?

ENÉE: Nestea de pêssego.

GRINCH: Dois Nesteas de pêssego?

ROCH: A gente está feliz por você, Bakou. Você vai arrebentar. A gente vai ficar vigiando a TV, pode ter certeza.

BAKOU: Eu não disse que eu não estava infeliz. Eu estou infeliz, no fundo. Essa propaganda soma na minha tristeza, sabe, Roch, ela soma.

ROCH: Não estou te pedindo nada.

BAKOU: Eu sou tão mais infeliz quanto mais razões eu tenho objetivamente para não sê-lo, percebe a lógica?

GRINCH: Onde está o Ali?

BAKOU: Ele foi embora.

GRINCH: Foi embora?

BAKOU: Embora, embora.

GRINCH: Como assim, o Ali não está mais aqui?

BAKOU: O Mustafá que está no lugar dele.

GRINCH: Mustafá?

ENÉE: Mustafá. O primo dele.

ROCH: Moumouss? Ele não tinha ido embora?

ENÉE: Ele voltou.

BAKOU: E o Ali foi embora.

ROCH: Por que ele tem barba?

BAKOU: Por que não? Eu também estou deixando crescer.

GRINCH: Não devia.

BAKOU: Por quê?

GRINCH: É bizarro.

ENÉE: Não é porque você tem barba que você é fundamentalista.

GRINCH: Eu não disse isso.

BAKOU: Mas eu sou barbudo e não sou fundamentalista, eu sou ator.

GRINCH: Não é a mesma barba.

BAKOU: Porque eu não tenho pelo o bastante. Eu tenho uns pelos ralos, mas eu gostaria de ter uma barba que nem a dele. Eu gostaria de ser como o Christian Bale quando ele estava divulgando o *Batman Begins*. Ele tinha uma dessas barbaças.

ROCH: Você quer um Iskender sim ou não?

GRINCH: Quero.

ROCH: Para mim um Adana.

ENÉE: É uma boa ideia mesmo a Sininho.

GRINCH: Bem em cima do coração.

BAKOU: Ah, em cima do coração.

GRINCH: Onde você queria?

ROCH: O Grinch quer encontrar uma mulher.

ENÉE: Já está na hora.

ROCH: Foi o que eu disse.

GRINCH: Não foi você que perdeu seu filho.

ROCH: Ah.

GRINCH: Quê?

ROCH: Nada.

GRINCH: Você perdeu o seu filho?

ROCH: Não.

GRINCH: Seu filho está morto?

ROCH: Não.

GRINCH: Ele está aqui e está comendo um kebab.

ROCH: De fato.

GRINCH: Então.

ENÉE: Vamos nos acalmar, gente.

GRINCH: São esses terremotos estúpidos, eles deixam os nervos à flor da pele.

ROCH: Você não estava aqui.

GRINCH: É pior quando você não está.

BAKOU: Como dizer para eles
Pra eles que são a minha vida
Como dizer a esses três caras de
Mandíbulas moles
E como dizer a
Meu pseudopai que está no fim da linha
E minhas três ou quatro mães
Interinas
Como dizer a eles que me sobe
Às tripas
Ir me fazer de fantoche
Por uma marca de macarrão?
Você acha que o meu sonho
É Barilla?
Você acha que eu posso

Seriamente considerar
Utilizar os cem milhões
De neurônios que eu tenho na
Cachola
Para fingir
Que estou feliz
De comer macarrão?

Tudo isso é
Fake
Cem por cento
Eu preferiria botar pra dormir
Minhas irmãzinhas
Muito melhor do que tagarelar
Aos quatro ventos, que fedem
A carne

Mas quando você faz uma escolha
Você faz uma escolha

Ser ator
É uma religião
Mesmo se não há nenhum deus por nós
Os atores
Você entende o que eu quero dizer?
Porque eu sou ator
Eu sou

Sim ser ator
Não é uma
Transfiguração se eu posso dizer
Se é só pra satisfazer você mesmo
A sua pessoa
Não será suficiente
Jamais
É disso que isso nos fala
Uma escolha desse tipo
E está escrito na porra do

Kebab
Que eu estou enfiando na goela
Eu não quero a minha cara
Eu vomito ela
Eu cago nela
Não quero ela estou te dizendo

Os atores são os fracassados permanentes
Da criação
Eles se creem fracassados
Eles se sentem fracassados
Eles se sabem
Então
A cada personagem
Eles tentam manter distância
Da vontade de morrer
De tanto serem apenas eles mesmos

Custe o que custar
Eles fogem
Para o suicídio metódico
Eu sou um cara radical
Eu quero as metamorfoses
Que me foram prometidas
Porque eu quero sobreviver
A esse
Parasita
Que me serve de rosto

Uma escolha é
Uma escolha

Christian Bale
É isso.

A terra treme de novo.

GRINCH: Ah!

BAKOU: Está começando de novo!

ROCH: Tá tremendo de novo!

BAKOU: Fiquem longe das paredes!

ENÉE: Debaixo das mesas, debaixo das mesas!

BAKOU: É de plástico!

ROCH: Vamos sair, vem! Vamos sair!

ENÉE: Debaixo da mesa, eu estou dizendo!

ROCH: Eu me recuso a ficar de quatro em um kebab!

GRINCH: Então vamos correr!

BAKOU: Longe das paredes!

ENÉE: Vai parar!

BAKOU: Moumouss já está lá fora!

ROCH: Vamos.

ENÉE: Pega a minha mão, pai!

BAKOU: A gente não pode nem terminar!

GRINCH: Eu estou feliz de estar presente, dessa vez!

ROCH: Protejam a cabeça!

ENÉE: Vamos correr! Se apoia em mim!

GRINCH: Shawarma no gesso, nova especialidade.

ROCH: Toma cuidado com os pedaços de vidro!

GRINCH: É menos divertido do que eu pensei.

ROCH: Abaixa a cabeça! Coloca as mãos em cima!

ENÉE: Se apoia!

ROCH: Se eu me apoiar não consigo proteger a cabeça!

BAKOU: Vamos sair!

[CORTA A CENA "OS EXTERIORES ESPLÊNDIDOS"]

6. QUAL SERIA A DURAÇÃO DA VIDA

ANISSA: A cena representa
A dissipação das nuvens
Sobre o oceano
O casco rachado dos
Navios
Os mastros arrancados
As velas em farrapos
E os marinheiros que lutam
Para que as embarcações
Não acabem
Se afundando

Aqui
Os tetos-terraços
São retalhados de pixos
E os pixos
Retalhados de fissuras
Que acabaremos de
Tapar
Asseguram as seguradoras

A cena representa
A ordem do mundo
Na desordem dos
Imaginários
Onde os barcos de ontem se misturam

Aos prédios de hoje
As imagens e as imagens
Nas quais
Essas últimas semanas
Eu mal dormi

ROCH: Oi.

ANISSA: Oi.

ROCH: Posso?

ANISSA: Agora?

ROCH: Agora.

ANISSA: Claro.

ROCH: Tudo bem?

ANISSA: Senta.

ROCH: Não, obrigado.

ANISSA: Ok.

ROCH: Você está de saída?

ANISSA: Sim, eu estou de saída.

ROCH: Então você reparou.

ANISSA: No quê?

ROCH: Nada, as pessoas.

ANISSA: Que tem as pessoas?

ROCH: As forças do mal nos enviam terremotos, mas é como fazer xixi em um violão, não deixa vestígio nenhum. O lustre caiu na sua cama, sua casa está destruída, você dorme em um ginásio, você está como um idiota naquele quarto coletivo, mas você faz disso uma lembrança pra depois contar no inverno. Como se a dor fosse *infrequentável*.

ANISSA: Sendo que essa é uma pessoa boa.

ROCH: Eu também acho.

ANISSA: Eles poderiam fazer o esforço de não se levantar.

ROCH: Exatamente.

ANISSA: Você preferiria ver eles se esparramando, choramingando, se contorcendo?

ROCH: Eu estou farto da nossa porra de capacidade de sobreviver a tudo, merda. Entregue as armas, piore a sua situação, chegue ao fundo do poço, ao menos uma vez.

ANISSA: As pessoas choramingam dentro de casa, escondidas.

ROCH: Pode ser.

ANISSA: Eu escuto.

ROCH: Você chora?

ANISSA: Eu choro, eu vomito, eu vomito, eu choro. Eu vario os prazeres. Quer um café?

ROCH: Não, obrigado.

ANISSA: Que é que você veio fazer?

ROCH: Eu vi uma pombinha-rola.

ANISSA: Você veio me dizer isso.

ROCH: Uma pombinha-rola cinza e vermelha, muito bonita.

ANISSA: Certeza que não quer sentar?

ROCH: É para não correr o risco de querer ficar.

ANISSA: Como você quiser.

ROCH: Uma vez que tremeu, a gente fica com a impressão de que vai tremer sempre.

ANISSA: Eu consegui me sustentar só nas minhas pernas, olha.

ROCH: Eu ouvi dizer que vão publicar, está no Diário Oficial, tem um decreto interministerial que vai atestar o estado de catástrofe natural.

ANISSA: E aí?

ROCH: Se você tiver um seguro residencial multirrisco, você vai ser indenizado pela garantia de catástrofes naturais.

ANISSA: Pelo menos uma vez o prefeito está mexendo a bunda.

ROCH: O teto da casa dele desmoronou, óbvio que ele está mexendo a bunda.

ANISSA: Mas nada está feito ainda.

ROCH: É o que dizem.

ANISSA: Você ligou para o seguro?

ROCH: Eu fiquei quatro meses sem pagar. Eles disseram que não vão cobrir.

ANISSA: Não vão cobrir?

ROCH: Quatro meses, Anissa.

ANISSA: Você tem muita coisa?

ROCH: Se você descer pra ver, você vai saber.

ANISSA: Aqui você vem quando quiser. Mas a sua casa é a casa de vocês. A única vez que eu vim, eu fiquei com frio pelo corpo todo.

ROCH: Essa história de frio.

ANISSA: Eu estava *realmente* com frio.

ROCH: Ok.

ANISSA: Mas vem sempre que você quiser.

ROCH: Obrigado.

ANISSA: Sendo discreto.

ROCH: Madame discreta.

ANISSA: Eu não gosto de dar o que falar, só isso.

ROCH: É por isso que eu te amo.

ANISSA: O quê?

ROCH: Nada.

ANISSA: Retira o que você disse.

ROCH: Tá, eu retiro.

ANISSA: Desse jeito você me deixa bastante atordoada.

ROCH: Se você está dizendo.

ANISSA: No bom sentido do termo, e também no mau.

ROCH: Eu estou tão desempregado e tão perto da aposentadoria que eu me pergunto se eu vou trabalhar de novo um dia.

ANISSA: Qual a relação?

ROCH: Estou mudando de assunto.

Ele sai.

ANISSA: O cheiro do Roch não é mais o cheiro do Roch
Eu gostaria de encontrá-lo de novo
Sem a doença
Por dentro

Minha barriga ainda está
Desesperadamente
Reta
Terrivelmente
Cheia

Eu penso de novo em Enée
Na tarde
Em que Enée
Mudou de rosto
Em que eu o vi com outro corpo
E com outro rosto
Nessa tarde
Em que eu transei com
Enée e depois
Um outro Enée
Esse segundo Enée
Que gozou em mim
Em um silêncio de controle absoluto
E eu não esperava isso
Da parte
De nenhum
Dos dois

Eu me pergunto que idade
Tinha a estrela

Suspendida sobre
As nossas cabeças

E se eu verei novamente outros
Enées
No futuro
Se eu verei outros dele

7. NAS FLORESTAS MISTAS

ENÉE: Você vem no cinema comigo? Tem uma sessão em vinte minutos no Multiplex. É uma comédia, a gente fica sossegado, diboua. Dany Boon. Não pode ser ruim.

CÉLESTE: O teu nome é como?

ENÉE: Meu nome?

CÉLESTE: É, teu nome.

ENÉE: Como assim, meu nome?

CÉLESTE: Me deu um branco.

ENÉE: A gente tá em modo de quê?

CÉLESTE: Em modo de sem fazer moda.

ENÉE: Tá pistola por quê?

CÉLESTE: Não tô pistola.

ENÉE: Sim, tá pistola, sim. Nuvem ameaçadora.

CÉLESTE: Isso se chama alma.

ENÉE: Floresta de bétulas.

CÉLESTE: Floresta de cedros.

ENÉE: E olha aí a gente chegando perto de penhascos trágicos.

CÉLESTE: Tenho que estudar, tchau.

ENÉE: Você está estudando o quê?

CÉLESTE: Logística, deixa pra lá.

ENÉE: Os seus ligamentos, está tudo bem?

CÉLESTE: Meus ligamentos?

ENÉE: É, os seus ligamentos estão bem?

CÉLESTE: Por que você está falando assim?

ENÉE: Ultimamente eu tenho pensado que para perguntar direito "Está tudo bem?", seria preciso dizer uma coisa diferente de "Está tudo bem", senão pau no cu, não é nem uma pergunta direito. Depois dos terremotos eu tomei consciência de um monte de coisas. Então eu pergunto como está uma parte do corpo, ou um membro da família. Entendeu, eu especifico. Tipo para instaurar um verdadeiro diálogo. Senão fica só na superficialidade.

CÉLESTE: Sério que você está me perguntando como estão os meus ligamentos?

ENÉE: Ou outra coisa. Mas os ligamentos são essenciais para o bom funcionamento do corpo, porque eles conectam os ossos entre si, e sem ligamentos os ossos ficam desconectados. Pega os atletas, por exemplo: o pior inferno é a ruptura dos ligamentos.

CÉLESTE: Os ligamentos cruzados.

ENÉE: Os cruzados são os piores.

CÉLESTE: Os meus ligamentos te mandam à merda,eu te juro que eles te mandam à merda, eles te mandam à merda ao máximo, Enée, meus ligamentos mandam você se foder no paraíso dos amnésicos de merda.

ENÉE: Eu não sou amnésico.

CÉLESTE: Você aparece quando você precisa.

ENÉE: Ultimamente com o meu velho, você sabe...

CÉLESTE: Eu recebi a mensagem, obrigada. Eu sinto muito. De verdade. Tchau.

ENÉE: Está bem foda, cê sabe.

CÉLESTE: O meu já está morto, eu era pequena demais pra lembrar do que isso gera.

ENÉE: What the fuck? Para de me olhar como se eu fosse uma biblioteca.

CÉLESTE: Eu estou te olhando como se você fosse uma biblioteca?

ENÉE: É assim que eu olho para eles.

CÉLESTE: Eu não sou a mina que existe de forma intermitente na sua vida de vagabundo. A amizade não é um coração grande e duas iniciais gravadas em um tronco de árvore que não pediu nada. Você precisa reativar a sua conta, amigo. Senão você está dead.

ENÉE: Estou reativando.

CÉLESTE: Você não está fluindo.

ENÉE: Eu estou fluindo, sim.

CÉLESTE: Você vai precisar pedir perdão até 2072.

ENÉE: Por que 2072?

CÉLESTE: É o ano em que você vai morrer, cheio de artrose e de remorso de ter me maltratado a vida inteira. Eu vi na minha bola de cristal. Eu tive essa visão e depois a minha bola se encheu de merda. Eu estou vendendo, você quer?

ENÉE: Não tenho grana.

CÉLESTE: Por que você me convidou pro cinema se você está sem grana?

ENÉE: Eu não te convidei, eu perguntei se você queria vir comigo.

CÉLESTE: Com que grana?

ENÉE: Bom, com a sua.

CÉLESTE: Sai fora.

ENÉE: Me dá um beijo.

CÉLESTE: Vai encher outra.

ENÉE: Um beijinho, vai.

CÉLESTE: Você é o maior caso perdido que eu já conheci.

ENÉE: Não mostra a língua, hein.

CÉLESTE: Cala a boca.

ENÉE: Você vai ver como ele vai reconciliar a gente, o novo filme do Dany Boon.

Ela bate a porta.

ENÉE: Céleste? Ei. Céleste! Sério que você bateu a porta na minha cara?

8. NÓS O CHAMAMOS DE GRÃO DE AREIA

ANISSA: Eu vou começar
Uma formação
Em webmarketing

Eu fui aceita está confirmado
Eu não estou conseguindo
Ficar
Feliz
Sendo uma mulher de
Quarenta anos
Em formação
De
Webmarketing

Mas eu gostaria
De interromper
As aulas no cursinho
Então é isso aí

ROCH: Caro senhor, escuta, eu prefiro dizer as coisas, eu não estou muito otimista, eu vou ser sincero, eu não estou. Otimista, quer dizer. Sincero eu sou. Eu vou ser. Eu não estou vendo os seus resultados com muito bons olhos.

GRINCH: Como eu te disse, o tumor é maligno. Você já sabia. Ele ainda é. Ele continuará sendo. A palavra câncer não é sinônimo de condenação à morte, não me faça dizer o que eu não disse.

ANISSA: Se eu não estou totalmente pessimista naquilo que te diz respeito, é porque a comissão de orientação sobre o câncer nos convida a pensar com empatia pelo paciente, o que eu estou me esforçando por fazer, como você pode constatar.

GRINCH: Você pode contar com a equipe do pessoal desse hospital. Os enfermeiros, o radioterapeuta, o anatomopatologista e eu mesmo estamos à sua disposição. Aqui o seu PCP, Programa de Cuidado Personalizado.

ANISSA: Os psicólogos e os serviços sociais estão igualmente disponíveis para te acompanhar. Não hesite em fazer contato com o EEI, o Espaço Encontro Informações.

ROCH: O doutor Fangière vai ficar como um interlocutor privilegiado. Nós estamos regularmente em contato, ele poderá reformular o meu diagnóstico que, para relembrar, não é otimista nem pessimista. Eu espero que o meu lado humano te satisfaça e que você esteja pronto para iniciar ao meu lado uma quimioterapia de grande qualidade. Obrigado por avaliar a minha intervenção preenchendo essa ficha. É de múltipla escolha. Só precisa fazer um xis.

ANISSA: Químio. Quí-mi-o. O que se esconde atrás de uma palavra. Qui-mi-o-te-ra-pi-a.

GRINCH: Vamos precisar operar o senhor. Não sei se vamos conseguir salvar a perna. Eu prefiro dizer as coisas. Sou um médico que prefere dizer.

ANISSA: Eu vou decidir no momento da operação se a perna pode ser salva. Enquanto estiver esperando, evite andar, ela poderia se quebrar.

ROCH: Parece que é o melhor oncologista da região.

ANISSA: 13 de abril: quimioterapia, hidratação.

ROCH: 14 de abril: teste cardíaco, náuseas.

GRINCH: 15 de abril: hidratação, náuseas.

ROCH: 16 de abril: eu vomito a noite inteira. Enée me dá uma bacia para colocar embaixo da cama. Eu encho a bacia. Ele fica de pé quase a noite toda. Às vezes ele dorme. De pé.

ANISSA: 17 de abril: hidratação, hidratação, hidratação. Feridas na boca e no estômago.

ROCH: Adeus, meus cabelos. Eu faço uma visita a Anissa. A gente toma um café. A gente não transa mais. Eu gostaria, eu não poderia. Mas eu não quero. Não há nada para querer. A gente toma um café. Depois dois. Eu sou ainda mais obrigado a mentir para o menino quando ele pergunta o que eu fui fazer na casa dela: eu fui tomar um café e depois a gente jogou conversa fora.

GRINCH: Seu corpo envelhece um ano por dia.

ROCH: Baixa no sistema, plaquetas superbaixas, transfusão, e segue. A gente vai te dar uma pequena anestesia local para instalar um Port-a-Cath.

ANISSA: Um quê? A sua voz não é mais a sua voz. Quando você fala, você escuta outra pessoa.

GRINCH: Um cateter implantável. É um dispositivo que permite pegar emprestada uma via venosa central permanente. É muito divertido. Você pode sentir o espaço sob a sua clavícula direita, ele será então prolongado por um cateter de 20 centímetros a partir da veia da jugular interna até a veia cava superiora. Eu digo as coisas. Eu prefiro dizer as coisas.

ANISSA: Sim, doutor.

ROCH: Evidentemente podem haver complicações, mas deve dar certo.

ANISSA: Que complicações?

ROCH: Uma embolia gasosa, por exemplo. Ou um pneumotórax.

ANISSA: 27 de abril: nada de embolia, de pneumotórax, mas um coágulo se formou no seu braço. Você se pica com a tinzaparina. Febre. Tylenol. Você dorme nos braços de Enée que não dorme mais. Que retém as lágrimas dele sobre teu ombro. Ele te acaricia, à noite, é isso que você me diz, é isso que ele me diz, você sente as mãos dele no teu rosto e no teu crânio.

ROCH: A febre não baixa. Na noite do 3 de maio Enée me leva para o pronto-socorro.

GRINCH: Análise sanguínea. Sistema imunológico em ponto morto, as plaquetas, esquece. Senhor, o seu sangue está um xarope de romã, eu digo as coisas. Duas transfusões para você sair dessa.

ANISSA: 14 de maio: a operação. Você vai adormecer sem saber se quando acordar te faltará uma perna ou não.

ROCH: Nove horas mais tarde a operação é um sucesso. Me fizeram um implante de rótula e um de tíbia. Eu tenho um joelho e um fêmur de titânio.

GRINCH: No dia 29 de maio você sai do hospital. Fisioterapia. Você tem que aprender a andar com a perna nova. Seu pé está perfeitamente imóvel. Você pode olhar os seus dedos dos pés por horas enquanto bebe água. Para andar você usa as muletas, mas você não anda muito.

ROCH: Eu espero. Eu sinto dores.

ANISSA: No dia 15 de junho, você precisa recomeçar a químio.

GRINCH: Químio.

ANISSA: 11 de julho: o médico anuncia que os últimos exames são muito positivos, você não tem mais o câncer no corpo.

ROCH: Eu não tenho mais câncer?

ANISSA: Não tem mais câncer.

GRINCH: Verdade?

ANISSA: Enée chora todas as lágrimas que ele conseguiu durante meses transformar em sorrisos diurnos, carícias noturnas. Ele chora nos braços do enfermeiro, nos braços do médico, nos meus, nos braços do Grinch também.

ROCH: Minha perna está curada.

GRINCH: Você revê as coisas que você não via mais. As letras vermelhas do letreiro *As mulheres modernas se vestem de Chantal / 50 anos de* prêt-à-porter. Você as revê. A gente vai tomar um Nestea no Moumouss. A gente se dá conta de que ele renovou o espaço. A gente acha que ficou bom, mas a gente teria feito de outro jeito.

ANISSA: Você reencontra a cor de algumas roupas.

ROCH: Dos seus vestidos.

GRINCH: E dos meus pulôveres, você reencontra também os meus pulôveres.

ROCH: Eu te pergunto se você encontrou alguém.

GRINCH: Ainda não.

ROCH: Mas está tentando?

GRINCH: Bom, eu estou tentando, sim. Mas eu passo mais tempo com você do que na internet, meu velho.

ROCH: Você não é obrigado.

GRINCH: Para mim é um prazer.

ANISSA: A gente tira enfim o seu Port-a-Cath. O verão passou. Frequentemente você fica sentado em um banco, perto dos balanços. Seis meses de gravidez e a minha barriga continua reta, desesperadamente cheia, terrivelmente. No entanto a negação da gravidez não faz o meu gênero. No bairro não acontece grande coisa. Um velho se jogou do décimo quarto andar do seu bloco, e aí eles demoliram o bloco uma semana depois, tinha que ver, a explosão perfeita. Na calçada os barbudos tiraram suas cadeiras e seus guarda-sóis, e o radinho que acompanha. Quando eu passo, sou fuzilada pelos olhares. Fizeram uma batida policial na mesquita, violenta, parece, mas não acharam nada, eles estavam procurando alguma coisa?Anteontem os policiais levaram um cara para averiguação. Risco à ordem pública. Eles soltaram o cara hoje de manhã. Aí ele foi para a Síria, parece, e depois retornou e agora trabalha como padeiro na La Mie Câline.

GRINCH: A radiografia mostra uma mancha preta no seu quadril. A gente vai fazer alguns exames, caro senhor Roch.

ROCH: Estou com dor na bunda. Outro dia eu bati na ponta da mesa.

ANISSA: É só um roxo.

ROCH: Enée trabalhou o mês todo de agosto com manutenção. Ele ficou forte, o menino. Ele envelheceu dez anos. O verão inteiro ele saiu com uma menina, uma Laurianne. Bom, é uma menina bonita. O câncer está voltando. O médico aponta as manchas pretas no meu quadril, na minha bacia, nas minhas costelas e nos meus pulmões. Acabou.

ANISSA: Não tem tratamento. Nada para erradicar. A coisa está em você, ao trabalho.

ROCH: Não tem nada para dizer, nada para fazer.

ANISSA: Se você quiser viver por mais tempo será preciso que você retorne ao hospital. Será preciso que você receba uma transfusão, mais químio. Que você aceite os sangramentos de nariz, as feridas na boca, as mãos fervendo duras queimando, o cansaço. Será preciso que você preste atenção para não trombar nos cantos das mesas, sob o olhar das hemorragias, ocultas como leoas. Será preciso que você passe dias e noites sem gosto por nada, sem vontade, sem sorrir. Exames e mais exames.

ROCH: Eu não vou ralentar a morte em quartos desinfetados. Eu não vou escutar o médico me dizer que o câncer atingiu os pulmões. Eu não vou esperar que nada mais funcione normalmente. Eu não verei a grande mancha no meu pulmão esquerdo. Eu não vou ficar com pneumonia. Eu não vou segurar as minhas lágrimas quando o médico me disser que a lesão do pulmão se estendeu um bom centímetro, mas as outras estão estáveis. Eu não vou esperar de novo o tratamento que está chegando dos Estados Unidos ou do planeta Marte. Não vou perder a visão do olho direito várias vezes. Não vão me fazer punção lombar. Eu não vou ter enxaqueca violenta. Eu não vou levar mais uma paulada na cabeça quando me disserem que novas lesões apareceram no fêmur e na omoplata. Eu não vou cuspir meu sangue num lavabo inacessível. Eu não vou ficar com água nos pulmões. Eu não vou ficar com três costelas fraturadas pelo tumor nos meus pulmões, que ficou enorme. A última imagem é minha.

9. NA VIDA INCONCEBÍVEL

Fitness / Musculação.

ENÉE: Acabou. Disseram que resta um mês pra ele.

BAKOU: Às vezes os médicos acham que estão fazendo o bem, mas são eles os vulneráveis.

ENÉE: Não sei.

BAKOU: O que você vai fazer?

ENÉE: Nos últimos meses a gente suou muito. O adiantamento das despesas, gerenciar isso tudo é uma tortura chinesa.

BAKOU: Que você quer dizer?

ENÉE: Bom, que é tortura chinesa.

BAKOU: O que tortura chinesa tem a ver com isso?

ENÉE: Tortura chinesa quer dizer que é muito, muito sofrido.

BAKOU: Claro que não.

ENÉE: Desde quando você fez estudos superiores para explicar a vida?

BAKOU: Por quê? Você fez?

ENÉE: Eu não estava em uma boa posição para isso, senão eu teria feito.

BAKOU: Procura no google. Tortura chinesa é quando é muito cruel. É uma tortura não lembro mais como. Faziam com os caras.

ENÉE: Que caras?

BAKOU: Os perdedores.

ENÉE: Mas nós não somos os perdedores. Eu me empenhei como nunca na minha vida. A tortura chinesa é que foi uma situação bem escrota, só isso. Isso te transforma em um homem, te juro.

BAKOU: Se vê.

ENÉE: Se vê?

BAKOU: Você está mais resistente.

ENÉE: No mês de junho eu tive a ideia de um crowdfunding, funcionou, a gente teve o maior rabo, senão seria impossível, eu comia uma vez por dia, eu estava me transformando em pizza congelada de dois euros, e o meu velho comia os remédios e só, remédios, remédios. Uma pizza e um remédio em um dois-quartos no oitavo andar.

BAKOU: Eu dei o que pude.

ENÉE: 10 euros. Foram 10 euros.

BAKOU: Eu não dei 10 euros. Dei 20.

ENÉE: É o dinheiro da sua propaganda?

BAKOU: Eu não mandei dez tigelas de macarrão para nada.

ENÉE: Obrigado.

BAKOU: Normal.

ENÉE: Não tem nada de normal. Eu entendi a coisa. Nada é normal. Mais nada. Constantemente o cotidiano senta a bunda sobre o anormal, sobre as coisas mais loucas. A nossa vida faz dessas coisas. Mas o cotidiano tem uma bunda grande, então a gente diz: é normal.

BAKOU: Você está falando como o Mourad.

ENÉE: Mourad.

BAKOU: Você viu, ele voltou.

ENÉE: Quê?

Silêncio.

BAKOU: Por que você parou, vamos.

ENÉE: O Mourad voltou?

BAKOU: É, o Mourad voltou, você não sabia?

ENÉE: O Mourad?

BAKOU: Eu pensei que você soubesse.

ENÉE: Quando?

BAKOU: Ontem. Eu cruzei com Carlouche perto dos Móveis Senhor, ele me disse: o Mourad voltou.

ENÉE: Você tem o celular dele?

BAKOU: Ele vai vir te ver.

ENÉE: Eu nem sei se ele sabe do meu pai.

BAKOU: Como você se ilumina quando fala dele.

ENÉE: Eu me ilumino?

BAKOU: Como uma vela. Um poste de luz. Uma estrela.

ENÉE: Esse cara perdeu um olho por mim.

BAKOU: Então tem que perder um olho?

ENÉE: Quê?

BAKOU: Nada.

ENÉE: Que que cê tá falando?

BAKOU: Nada.

ENÉE: Sim, você está querendo dizer uma coisa.

BAKOU: Deixa quieto.

ENÉE: A cena representa
O céu que me envolve
Me ergue
Me deixa cair
Me envolve
Me ergue
Me deixa cair
O mesmo circo
Para me fazer sentir dor

O sol não se põe mais
Ele se esconde
E olha
Como a gente morre
De que maneira

Isso o fascina
O entristece
E quando o sol está
Triste
Ele vai a 40 graus
E mata os velhos
Nos hospícios

A cena representa
O meu pai com a sua perfusão
O grão de areia
Nas veias
Murchas

ANISSA: Das nossas janelas
Não há
Nenhuma vista bonita
Sobre
Nenhum lago bonito

Nós somos
O fundo do lago
Que se ignora
A si mesmo

O que nós vivemos
É o tempo que passa
O fluxo gelado
Do tempo que passa
E a ausência de circunstâncias

ENÉE: A onipresença da merda
E das obrigações perpétuas de sobrevivência
O que é que você quer
Distinguir
Aqui dentro?

Sobreviver permanentemente
Quando estamos no fundo mesmo da porra do poço
É uma equação
Eu te desafio a resolver

ANISSA: Nós somos as profundezas
Silenciosas
Onde vivem os peixes transparentes
Que se chamam peixes fantasmas
Isso é o que a cena representa

Peixes fantasmas
Nas profundezas
Obscuras
Do poço
Mais profundo que há

ENÉE: A cena representa
A minha enésima punheta
Já é mais de meia-noite
Quando o meu pai adormece
A boca aberta e o corpo
Quebradiço
Eu penso em Anissa
Eu a vejo nua
E eu me masturbo
Enquanto me pergunto o que aconteceu
Naquela tarde

A cena representa
Nossa juventude sentada em

Um kebab
Que muda de proprietário
A cada seis meses

A cena representa
A *cité*
Vista de helicóptero
É a minha *cité*
Eu nasci aqui
Mas eu não entendo nada do
Registro de imóveis
Nem do povo
Tirando cinco ou seis pessoas
Mas não é isso
Um povo
Eu estou falando dos meus
E o povo
Não tem nada a ver
Com os meus
Ou talvez seja
O único povo
Possível
Mas o dia em que eu os chamarei
O povo
Os meus
Nesse dia
Os touros terão
Plumas
No cu
E farão sapateado

A cena representa
Céleste que pega a minha mão
E me fala
Das Ilhas Afortunadas
Ou do Reino dos Ursos-Polares
Para me fazer pensar em outra coisa
Ela inventa

Lugares que não existem
E eu me pergunto
Como é que é possível
Arejar as ideias
De alguém
Com tão poucos meios

ENÉE: O que eu sei é que em um mês eu não terei mais nem pai nem mãe.

CÉLESTE: Eu vou continuar sempre aqui.

ENÉE: Por quê?

CÉLESTE: Por dever.

ENÉE: Por dever?

CÉLESTE: A amizade é um dever, não?

ENÉE: Certamente.

CÉLESTE: Desculpa, é mentira.

ENÉE: O quê?

CÉLESTE: Que eu vou continuar sempre aqui.

ENÉE: É mentira?

CÉLESTE: A verdade é que eu não sei de nada. Eu gostaria de sempre estar aqui para você, mas eu não sei se eu estarei. Eu quero ir ficar um ano em algum lugar, um ano ou dois, não sei. Mas está fora de questão que eu envelheça no meio desses prédios. Todas as manhãs eu olho para eles e penso: aí está o cadáver calcificado da minha juventude.

ENÉE: Você vai para onde?

CÉLESTE: Para o lêmen.

ENÉE: Para o lêmen?

CÉLESTE: É, para o lêmen.

ENÉE: Que porra você quer fazer no lêmen?

CÉLESTE: Ajudar as pessoas.

ENÉE: Mas você está fazendo bacharelado em logística e transporte.

CÉLESTE: Se a gente é o que estuda, então você não é grande coisa, meu amigo.

ENÉE: Não está em guerra o lêmen?

CÉLESTE: Sim, justamente, senão eu iria para Portugal.

ENÉE: Todo mundo vai para Portugal.

CÉLESTE: É exatamente o que eu estou dizendo.

ENÉE: Qual é o problema de fazer o que todo mundo faz?

CÉLESTE: Se todo mundo for pro lêmen eu não tenho problema de ir também.

ENÉE: Portugal é incrível. O Carlouche sempre me disse.

CÉLESTE: Então vai você pra lá.

ENÉE: Isso, eu vou para Portugal e você vai para o lêmen.

Silêncio.

ENÉE: Você é a mina mais bizarra que eu conheço.

CÉLESTE: Eu sou o que eu sou. Na verdade, ainda não.

ENÉE: Você deveria abrir uma seita, você tiraria uma grana.

CÉLESTE: Preciso te dizer uma coisa, Enée.

ENÉE: Quê?

CÉLESTE: Você não vai gostar, mas eu estou em uma grande fase de falar as coisas na real, sabe? De tomada de consciência. De limpeza. Porque eu quero realmente viver a minha vida, sabe?

ENÉE: Ok.

CÉLESTE: Eu quero realmente viver a vida, e para vivê-la eu devo transpor barreiras.

ENÉE: Ok.

CÉLESTE: Você me estuprou.

ENÉE: Quê?

CÉLESTE: Você me estuprou.

ENÉE: Que que cê tá falando?

CÉLESTE: Estupro. Foi estupro. Isso se chama estupro. Eu fui estuprada por você, duas vezes. Duas vezes em que eu te disse: eu não estou com vontade, e em que a gente fez mesmo assim porque você tinha vontade demais. Isso se chama estupro.

Silêncio.

ENÉE: Mas... Mas a gente estava junto.

CÉLESTE: A gente estava junto, mas naquele momento, naquele instante preciso, o meu corpo se dessolidarizou do seu, enquanto você entrava nele.

ENÉE: Para.

CÉLESTE: Eu precisava te dizer isso, eu precisava, senão isso teria infectado a nossa história, o que a gente fez, o que a gente é, entendeu?

ENÉE: Eu não te. Eu.

CÉLESTE: Gagueja, balbucia. Toma seu tempo.

ENÉE: Eu. Não me olha assim.

CÉLESTE: Eu estou te olhando com toda a amizade do mundo, que mesmo o estupro não fez ir pelos ares em estilhaços. Nem mesmo um amor adolescente, coxo, inacabado. Eu te olho e eu te amo. Mas você me estuprou duas vezes. E a gente nunca se disse isso. Eu nunca te disse isso. Eu não tinha admitido isso para mim mesma, até muito recentemente. A amizade exige que eu te queira todo o bem e que você me queira todo o bem. E mesmo se isso seguir como uma ideia, uma ideia impossível, é preciso fazer tudo para realizá-la. É por isso que eu estou falando na lata. Porque eu espero muito de você.

ENÉE: Eu não te forcei.

CÉLESTE: Você quer os detalhes?

ENÉE: Você disse duas vezes?

CÉLESTE: Carro do seu pai, 12 de dezembro de 2011. Porão do meu prédio, 5 de julho de 2012.

Silêncio.

ENÉE: A gente era uns meninos.

CÉLESTE: Um menino que estupra uma menina.

Silêncio.

CÉLESTE: Ah, não, hein, você não vai chorar. Faz três anos que a gente vive com isso, cara. As suas lágrimas estão caducas. Você pensa que a gente tem sorte, não, sorte não, é a ordem escondida que deixa surgir um dos seus recifes. A minha ordem enterrada.

ENÉE: Por que você está me dizendo isso agora?

CÉLESTE: Porque você vai embora.

ENÉE: Como assim, vou embora?

CÉLESTE: O seu velho vai morrer em um mês e você vai ficar neste buraco com os braços cruzados olhando ele se apagar? O que os pobres choram são as lágrimas que os ricos deixaram apodrecer nas suas glândulas.

ENÉE: Eu te peço desculpas.

CÉLESTE: Pelo quê?

ENÉE: Eu te peço desculpas, Céleste.

CÉLESTE: Pelo quê?

ENÉE: Por isso.

CÉLESTE: Isso o quê?

ENÉE: Ter te forçado.

CÉLESTE: Você lembra?

ENÉE: Mesmo que eu não lembrasse, eu te pediria desculpas.

CÉLESTE: Me paga uma pizza, agora.

10. SPOON RIVER

ENÉE: A cena representa
Meu reencontro
Com Mourad

Mourad partiu há
Mais de um ano
Tentar a aventura
No sul da França

As últimas novidades
Tinham afanado dele um furgão
Que ele tinha comprado de segunda mão
De um cigano
Em algum lugar em Vaucluse

Uma noite
O furgão
Tinha desaparecido e Mourad
Procurava um plano B
Para fazer o negócio dele
Último SMS e depois
Silêncio

É alguém que nunca
Esteve
Estável

Mourad
Do tipo que esgota os estoques de
Curativos
Em alta velocidade
Quando eu era pequeno
Ele apanhou por mim
Porque três moleques tinham caído
Em cima de mim
Para me tirar uma grana
Ele se interpôs
Um dos moleques furou o olho esquerdo dele
Com uma caneta

Ele nunca me cobrou isso
Nem o que quer que seja
Nenhuma observação
Era natural
Me defender
Eu era o seu pequeno
Vizinho
E entre vizinhos
Era preciso
Se ajudar

MOURAD: Primeiro eu dormi no meu primo Farid, ele vive em um vilarejo perto de Valence, mas ele estava em pleno divórcio e a depressão estava deixando ele azedo, então eu fui embora de novo rapidão, ele me deu uns tapas esse cuzão. Como se fosse eu que tivesse comido a mulher dele, não era eu era um dos amigos dele, um maconheiro você precisava ver os olhos dele, eram uns giroflex, o maluco em plena noite você confundia com uma ambulância. Uma noite, todas as cáries deles estouraram de uma vez, depois disso eu peguei ônibus, trens, peguei carona, eu caminhei. Trabalhei um pouco por aí.

ENÉE: Você emagreceu, é impressionante.

MOURAD: Quinze quilos a menos.

ENÉE: O que você fez?

MOURAD: Para emagrecer?

ENÉE: Não, pra isso eu tô pouco me fodendo, como trabalho o que você fez?

MOURAD: Um pouco de McDonald's, um pouco de peão, uns trampos clandestinos nas obras de pintura ou de azulejamento, segurança para uns festivais. A rotina dos rotineiros. Fiquei dois meses em Marselha em um quarto que um togolês me alugou por 50 euros a semana, e aí eu pensei no meu pai que eu não via fazia dez anos, então eu fui visitar ele.

ENÉE: Você viu seu pai?

MOURAD: É.

ENÉE: E?

MOURAD: É triste.

ENÉE: Triste?

MOURAD: A gente pode pular esse capítulo, eu não estou com vontade de choramingar na sua frente, mano.

ENÉE: Você já me viu choramingar.

MOURAD: Não é a mesma coisa. Meu pai, não tem nada a dizer sobre ele. Ele é um velho imigrante do Magreb, só isso. Ele vive como um mendigo em um quarto de 8m.² Ele esqueceu o francês e o árabe e fala uma língua que não existe, uma mistura das duas, eu te pago um carro se você entender.

ENÉE: São o que as suas meditações?

MOURAD: É o grande boom da viagem. É o achado. Eu não sou mais muçulmano.

ENÉE: Como assim você não é mais muçulmano?

MOURAD: Acabou.

ENÉE: Você não pode parar de ser muçulmano.

MOURAD: Claro que pode.

ENÉE: Por que você parou?

MOURAD: Eu virei budista.

ENÉE: Budista?

MOURAD: Depois eu parei.

ENÉE: Dá pra parar de ser budista?

MOURAD: Pra virar jainista.

ENÉE: E parou.

MOURAD: Não, eu continuo sendo. Jainista.

ENÉE: Eu nem sabia que isso existia.

MOURAD: Eu encontrei uma menina em Montpellier, uma montpelliana. Ela se chama Camille. Fisicamente não era nem um pouco o meu tipo. Nem um pouco. Mas essa mina quando você chega perto acontece uma coisa nas profundezas, eu te juro, você começa a respirar diferente, sendo que sinceramente, sinceramente, fisicamente ela é de uma banalidade muito grande.

ENÉE: Você se apaixonou?

MOURAD: Não. Não tinha química corporal, mas tinha o espírito. A gente comunga de outro jeito com essa Camille. A gente conversou horas e horas. Uma adepta da loucura. Em quatro dias eu tinha me convertido.

ENÉE: Você virou jainista.

MOURAD: Budista. Juntos é que a gente, digamos, se especializou.

ENÉE: Especializou.

MOURAD: A gente leu livros, mano, eu te juro que a gente leu, mas de tonelada. Eu nunca tinha vivido isso. A comunidade do espírito, sabe. Quando você pira em uma frase, em uma palavra, e você partilha isso com o outro, como um copo d'água na saída do deserto. O emblema do jainismo é uma mão, olha a minha mão e imagina que na minha mão está escrito *Ahimsa*.

ENÉE: *Ahimsa.*

MOURAD: Quer dizer não violência. E embaixo da mão, em sânscrito, está escrito: "todas as vidas são interdependentes e então se devem um respeito mútuo, uma mútua assistência".

ENÉE: Mas você nunca foi violento.

MOURAD: Eu recorri aos meus punhos. Eu bati. Eu exerci a minha violência sobre seres vivos. Eu degolei carneiros, se você for por aí. O carneiro é vivo. Eu menti umas vezes. Eu nunca roubei, isso não, mas cometi impurezas sexuais em muitas ocasiões.

ENÉE: Impurezas sexuais?

MOURAD: Os jainistas não cometem impurezas sexuais.

Silêncio.

MOURAD: E eles não devem se apegar aos bens materiais. Esse é o princípio mais fácil de seguir, para mim, tendo em vista que eu não tenho nenhum, propriamente falando.

ENÉE: Mas você tem o direito de comprar umas coisas.

MOURAD: Comprar umas coisas?

ENÉE: É, umas coisas, você pode mesmo assim comprar umas coisas?

MOURAD: Como o quê?

ENÉE: Não sei, um iPhone?

MOURAD: Para fazer o quê?

ENÉE: Telefonar.

MOURAD: Eu posso pedir emprestado para um amigo e agradecer com um abraço.

ENÉE: E qual é o teu Deus?

MOURAD: Eu não venero mais nenhum Deus. Para mim, o mundo existe desde sempre.

ENÉE: Desde o Big Bang.

MOURAD: Antes do Big Bang não tinha o nada.

ENÉE: Tinha o quê?

MOURAD: Tinha o mundo na sua forma primeira.

ENÉE: Que é nada.

MOURAD: Que não é o nada, que é o mundo.

ENÉE: É esquisito pensar que você medita.

MOURAD: Todos os dias. Eu jejuo também, quatro dias por mês. Eu tento me calar o máximo possível e não agir a torto e a direito.

ENÉE: E tudo isso partiu de uma montpelliana feia.

MOURAD: Eu vou te apresentar, é alguém de valor, uma irmã, você vai gostar dela.

ENÉE: E você continua se chamando Mourad.

MOURAD: Você quer que eu mude de nome? Minha mãe já quase pulou da varanda quando eu disse pra ela que eu estava abandonando o Islã.

ENÉE: Por que você não quis mais ser muçulmano?

MOURAD: Eu estava cansado.

ENÉE: O Ramadã?

MOURAD: Não, é todo o resto.

ENÉE: Todo o resto.

MOURAD: Todo o resto.

ENÉE: Quer dizer?

MOURAD: Em janeiro, quando aconteceu o atentado ao *Charlie Hebdo*, eu fiquei sentado por três horas sem me mover. Eu estava em Marselha, no meu quartinho togolês. Eu ainda não tinha encontrado a Camille, não era meditação.

ENÉE: Eu fui ver o Bakou e a Céleste, a gente acompanhou as notícias que nem loucos, a gente ficou viciado na TV. Na *cité*, em janeiro, estava tenso, suas irmãs te disseram.

MOURAD: Alá saiu de mim.

ENÉE: E o Buda entrou.

MOURAD: Mas ele é foda, o cara. Você mete ele num espeto do kebab e ele dura o ano inteiro. O Buda entrou e depois saiu. Eu não venero nenhum Deus. Eu precisei de tempo para aceitar essa frase, mas quando ela cai, ela cai. Esses caras, eu sei que eles não são muçulmanos como a minha mãe, o meu pai, como as minhas irmãs são. Mas é a mesma palavra. Toda vez eles se designavam utilizando a mesma palavra que eu uso para me designar. Eles olhavam o céu e sobre Deus eles colocavam a mesma palavra que eu. A gente habita as mesmas palavras, merda. Eles acabavam com essas palavras, eles as sujavam. Então eu troquei as palavras.

ENÉE: Impressionante. Você vai embora de novo?

MOURAD: Eu quero paz. Se eu encontrar aqui, eu fico.

ENÉE: É foda te reencontrar. Fiquei feliz mesmo. Não é um reencontro, é um verdadeiro encontro.

MOURAD: O novo Mourad. Você também mudou.

ENÉE: É a morte. Que nem você. É a morte que eu vejo em tudo.

MOURAD: Você também está procurando a paz.

ENÉE: Não, estou procurando as palavras. As palavras certas. E aí eu tenho umas duas, três promessas a manter antes de pirar. Fora isso, nada.

MOURAD: Estou convidado pra sua festa?

ENÉE: Claro que está.

MOURAD: E quem vai?

ENÉE: Ninguém além dos próximos.

MOURAD: E depois?

ENÉE: Depois a gente desvia para a esquerda. Meu velho tem um mês no máximo. A gente tem uns 3.000. Dá pra dar um jeito.

MOURAD: Sem direção?

ENÉE: Talvez Portugal.

MOURAD: Por que Portugal?

ENÉE: No começo eu achava zoado ir para onde todo mundo vai. Do tipo Roma, Barcelona, Lisboa, cidades onde você infelizmente não consegue enxergar mais nada. Foram tomadas de assalto pelos palhaços de shorts com a rola toda assada. Mas eu pensei que Portugal não era tão idiota. É o Velho Oeste da Europa.

MOURAD: Eu nunca tinha visto dessa forma.

ENÉE: O meu velho curte John Wayne e Clint Eastwood. Ele vai morrer como um coubói. Vai ficar contente.

MOURAD: Só você e o seu pai.

ENÉE: Eu e o meu pai.

MOURAD: E depois?

ENÉE: Depois, churrasco.

11. ACENDER AS CHURRASQUEIRAS

Enée e Roch prepararam uma pequena decoração especial.

Há uma bela mesa.

Há pratos para todo mundo.

E também algo para beber um pouco, para festejar.

Chegada dos convidados: Bakou, Céleste, Mourad, Grinch, Anissa.

Abraços, cumprimentos, beijos.

ANISSA: Eu fiz um. Um bolo. Eu tinha feito um bolo, desculpa, eu. Eu esqueci.

CÉLESTE: Ela cagou o bolo.

ANISSA: No forno. Não tem nada. Não é mais um bolo, é.

CÉLESTE: Caralho, tá caindo o mundo.

ANISSA: Não é mais nada. Eu peguei uns.

MOURAD: Bordeaux e Bourgogne. Toma cuidado, estão escorregando.

ANISSA: Eu queria chegar na hora, você me conhece, então eu peguei uns. Uns biscoitos.

CÉLESTE: Negresco.

ANISSA: Dois pacotes.

ENÉE: Eu adoro Negresco.

GRINCH: Eu trouxe cerveja.

ANISSA: Estou com vergonha.

ENÉE: Dá seu casaco.

GRINCH: Às vezes, com as circunstâncias, a gente pensa no vinho e esquece a cerveja.

BAKOU: Eu trouxe Danone.

ENÉE: Pode colocar os guarda-chuvas na caixa de papelão.

BAKOU: Um iogurtezinho pra beber, é da hora.

CÉLESTE: Danone e Negresco. Não é uma festa de despedida, é de arromba.

ENÉE: Fiquem à vontade.

ROCH: Tempo de merda, né? Não precisa tirar o sapato, não. O carpete absorve. Não precisava trazer tanta coisa pra beber, a gente tinha previsto. Se a gente tiver que esvaziar a geladeira eu vou morrer é de cirrose. Pega uma cadeira. Ou fica de pé. Eu vou me sentar, vocês me permitem. No meio da sala, assim vocês me veem bem. A chuva não me esqueceu, eu diria. Eu e a chuva, a gente se gosta bastante. Não sei por que o menino quer me levar para o sol. É outono, ah, bom, é outono. Um cara vai morrer, então ele vai para o sol. É totalmente idiota, ele não consegue se acostumar. Bom. Grinch, você serve todo mundo?

CÉLESTE: Quando foi a última festa com todo mundo junto?

BAKOU: Bom, ontem à noite no kebab.

CÉLESTE: Ah, desculpa.

GRINCH: Aquilo não era uma festa, era um kebab. No Ali.

ENÉE: Não é mais do Ali.

BAKOU: É do Moumouss.

ANISSA: O Moumouss foi embora.

CÉLESTE: E o Mesut, foi embora também?

ANISSA: Ele abriu outro negócio.

ROCH: Como ele chama, o novo?

ANISSA: Fred.

GRINCH: Mas a gente não conhece ele. Você conhece ele?

ANISSA: Eu não conheço nenhum desses caras.

BAKOU: Ele parece que vem da região parisiense, o Fred.

ROCH: Ontem à noite era o Fred?

BAKOU: É, era ele.

ROCH: Mas ele lembra muito o Mesut.

ENÉE: E o Mesut lembra o Ali.

BAKOU: Esse kebab, sinceramente, é tipo o *Twin Peaks*.

CÉLESTE: Isso não explica por que eu não fui convidada.

ANISSA: Você não consegue adivinhar?

CÉLESTE: Você estava no kebab também, Mourad?

MOURAD: De verdade, as batatas fritas estavam boas.

CÉLESTE: Entre manos. Entendi. Clube do Bolinha.

MOURAD: As batatas fritas nos traziam aquilo que nós tínhamos ido procurar.

CÉLESTE: O que você está querendo dizer, Mourad?

MOURAD: Eu estou expressando a minha lembrança.

CÉLESTE: Vocês assistem ao programa *Fort Boyard*, né?

BAKOU: O Fred manda bem nas batatas fritas, mas se você tivesse conhecido as do Mesut, meu amigo.

CÉLESTE: Mas o que vocês estavam procurando?

MOURAD: Boas batatas fritas, um Nestea, amigos queridos e uma tela grande.

CÉLESTE: Com TV a cabo.

GRINCH: Vocês não teriam ido.

ANISSA: Eu teria ido.

GRINCH: Você?

ROCH: A Anissa adora futebol.

ANISSA: Meu pai queria um menino.

GRINCH: Você gosta de futebol?

ANISSA: Se você não tivesse a memória de um peixe, você se lembraria disso.

GRINCH: Você nunca veio ver um jogo.

ANISSA: Me convida.

GRINCH: Mas você nunca sai.

ANISSA: Assim eu poderia recusar.

CÉLESTE: Eu também gostaria de recusar na próxima vez que vocês forem. Assim vocês vão sem mim com o meu pleno acordo.

ROCH: Isso será sem mim.

BAKOU: Por quê?

ROCH: Por que o quê?

BAKOU: Por que você diz isso, Roch?

ROCH: Bom, porque vai ser sem mim, já que a gente vai embora amanhã.

BAKOU: Ah, por isso.

ROCH: É, né. vamos bancar os turistas. Os turistões. E depois morrer debaixo de um guarda-sol com as metástases bem bronzeadas.

ENÉE: Pai, nossa.

ANISSA: Você não é obrigado, Roch.

ROCH: Quê?

ANISSA: Se a gente veio festejar, bora festejar, não?

ROCH: Estamos aqui para isso.

GRINCH: E se eu colocasse música?

CÉLESTE: É uma boa.

ROCH: Para se despedir. A gente vai fazer isso alegremente, como numa festa de eutanásia. Quando a pessoa consente que ela está partindo na serenidade, entre os confetes, com seus amigos e suas amigas. Eu e o Enée preparamos todo um menu para vocês.

ENÉE: A última festa foi pros meus 18 anos.

CÉLESTE: Como assim, seus 18 anos?

ENÉE: Você perguntou quando foi a última vez que a gente esteve todos reunidos, não era essa a pergunta? Bom, foi para os meus 18 anos.

CÉLESTE: Faz tanto tempo?

ENÉE: Passa rápido, só isso.

BAKOU: Posso cuidar da música?

GRINCH: Ah, não, esta noite a música está comigo. Eu fiz uma compilação especial em homenagem a, sabe, a todos nós. Em nossa homenagem.

BAKOU: Está em cassete?

GRINCH: Besta.

BAKOU: Eu vou curtir, Grinch, com certeza. Meus cabelos vão todos ficar brancos, mas eu vou curtir.

CÉLESTE: Pode fazer pedidos ao DJ?

BAKOU: Você tem Bananarama? Ou... calma...

CÉLESTE: "And the beat goes on" de não sei mais quem.

BAKOU: Você programou o tema da propaganda do Uncle Ben's?

CÉLESTE: Que propaganda do Uncle Ben's?

GRINCH: Mais idiotice.

ANISSA: Alguém pode me emprestar um casaco?

ENÉE: Vou pegar um pra você.

ROCH: Eu vou.

ENÉE: Pai.

ROCH: Eu disse: eu vou.

BAKOU: A dos anos 80, com a família negra americana com aquelas roupas bonitas bem brancas, eles não comem mais nada, só arroz e mais arroz Uncle Ben's e Uncle Ben's e bom, ele está ali, ele anda pra lá e pra cá e ele é dublado por um ator francês que tenta imitar o sotaque americano misturando com um sotaque africano, o que gera uma mistura bem maneira, levando em conta o nível da imitação do cara. "Bom apetite, amiguuus", "Não gruuuuuda nunca". Eu gostaria muito de ouvir esse tema. Se puder pôr, eu acho que está no Dailymotion.

ROCH: O Grinch tem música muito boa.

ANISSA: [a Roch, que lhe dá uma blusa] Obrigada.

GRINCH: Você cozinhou pra gente o quê?

ROCH: É de lã, coça um pouco.

ENÉE: Para entrada, *pan tumaca* / salada de milho e feijões-vermelhos à mexicana / torradas de atum e cream cheese, depois frango com azeitonas porque é festivo e de sobremesa creme bávaro de frutas vermelhas.

CÉLESTE: Sério?

BAKOU: E vocês que fizeram isso?

ENÉE: A gente pediu ajuda.

BAKOU: Para quem?

GRINCH: Mas não foi para o bom prato, né?

ENÉE: Mesut.

BAKOU: Ele não foi embora?

ENÉE: Ele está no centro da cidade, abriu um restaurante, não um kebab, um restaurante de cozinha fusão não sei do quê. Ele deu uma mão para a gente. De graça.

GRINCH: Um frango com azeitonas. Delícia. *Pan tumaca* é o que exatamente?

ANISSA: A cena representa
A morte à mesa conosco
Em volta dela
Nós tecemos um
Esboço
De pequenas frases
Que não dizem nada
Do verdadeiro
Estado de nossos corações

É assim

A gente é um vulcão mas multiplica
Dois por dois

A gente é um dilúvio mas tricota
Uma blusa para a criança

A gente é todo um céu
Mas se senta no tapete

A gente come poeira
Um palito de dente na mão

A gente fabrica andaimes
A gente já caiu

Meu homem morre diante dos meus olhos
Com o sorriso
Com um sorriso magnífico
Eu olho o seu filho e penso no seu pau
O pau do filho do homem que eu amo
Eu penso neles
Que vão partir amanhã
E eu me sinto a dois dedos de arrancar a toalha
Para rasgá-la
Com os dentes

Se eu digo, é para não fazer.

BAKOU: Que foi?

ANISSA: Que foi o quê?

BAKOU: Você está olhando o vazio.

ANISSA: Estou pensando.

BAKOU: No quê?

ANISSA: Nisso tudo

BAKOU: É bizarro, hein.

ANISSA: É.

BAKOU: Amanhã eles vão embora e o Roch, não sei, não consigo imaginar o que isso quer dizer, o que vai ser isso, e como a gente está aqui, todo mundo, esta noite.

ANISSA: Você pode me servir uma taça de vinho branco?

CÉLESTE: É verdade que você virou budista?

MOURAD: Isso foi no inverno passado. Agora eu sou jainista.

CÉLESTE: Ah, sim, é isso, jainista.

MOURAD: Você conhece?

CÉLESTE: Não.

MOURAD: É uma religião ateia.

CÉLESTE: Uma religião pode ser ateia?

MOURAD: Eu não venero nenhum Deus. Eu venero a consciência humana. Eu creio na alma pura que irradia como o sol.

CÉLESTE: Eu estou num bacharelado em logística e transporte.

MOURAD: Está tudo bem, depois de todo esse tempo?

CÉLESTE: Eu talvez vá pro Iêmen.

MOURAD: Pro Iêmen.

CÉLESTE: Tenho vontade de ver as coisas.

MOURAD: Ver as coisas.

CÉLESTE: Eu não quero fazer pra mim um casulo proletário de periferia multicultural com apartamento pequeno e procura de emprego com duração indeterminada.

MOURAD: É, eu também não.

CÉLESTE: Eu sou negra.

MOURAD: É.

CÉLESTE: Você também?

MOURAD: Não, mas de alguma forma. A gente partilha a mesma inter-segre-desagregação.

CÉLESTE: Se você está dizendo.

MOURAD: Eu sou árabe.

CÉLESTE: Eu sou mulher, isso não é um bônus. Mulher, negra e falida. Mas peitos grandes e bunda bonita. Uma compensação. Em um desfile de moda eu teria minha pequena existência decorativa e tolerável. Azar: eu tenho personalidade.

MOURAD: É potente isso que você está falando.

CÉLESTE: Assustador, você quer dizer.

MOURAD: Não, é potente, você é potente. O que você exala. Eu aprendi a ler as auras. Eu te achei potente.

CÉLESTE: Obrigada. Você é potente também.

MOURAD: Você acha?

CÉLESTE: Sim, eu te acho potente, sim.

MOURAD: Obrigado.

CÉLESTE: É estranho que a gente tenha direito a esse adjetivo. Olha onde a gente está.

MOURAD: E daí?

CÉLESTE: E daí eu acho que tem palavras que nos escapam e que vão seguir nos escapando.

MOURAD: Por quê?

CÉLESTE: Porque elas foram roubadas da gente, e a gente aceitou, eu imagino.

MOURAD: Você também está nas palavras.

CÉLESTE: Como assim?

MOURAD: Eu tenho a impressão de que a minha vida inteira também está ali.

CÉLESTE: Onde?

MOURAD: Nas palavras. A gente não é *potente*, nem eu nem você. Você tem razão.

CÉLESTE: E é preciso reivindicar não ser.

MOURAD: Reconhecer que a gente não é.

CÉLESTE: A gente não é.

MOURAD: Como os impotentes usam a palavra potente?

CÉLESTE: *Potente, potência.* Elas não existem mais para nós, essas palavras aí. É por isso que eu leio ao máximo. Eu penso que eu vou acabar por cair na palavra *potente* em um livro e eu vou ter a impressão de que é a minha, a minha palavra *potente*.

MOURAD: Você quer dizer que cada palavra é única?

CÉLESTE: Um uso único, é preciso partir desse princípio, não? Como se cada palavra estivesse sendo usada de forma única.

MOURAD: É legal te rever, Céleste.

CÉLESTE: É massa.

MOURAD: Mortal.

CÉLESTE: É exatamente o caso.

MOURAD: Você é cáustica.

CÉLESTE: Se eu não sou, eu choro durante oito horas seguidas. Você prefere me ver sorridente e cáustica ou em lágrimas, encostada na parede?

GRINCH: Está bombando?

ROCH: Não sei.

ENÉE: A cena representa
A noite em que eu perdi tudo
Minha *língua* e minha *terra*
Eu nunca diria
Pátria
Nunca
Nação
Mas essa *língua*
E esse pedaço de *terra*
Duas partes de um mesmo e único corpo
Sobre o qual eu mijei e caguei

Algum tempo
Esse corpo da minha *língua*
E da minha *terra*
Esse corpo era meu
Não será mais

ANISSA: Alguém quer um Negresco?

GRINCH: Nunca com a salada, obrigado.

ROCH: Não serve. Não quero que você sirva. Deixa que o Enée faz isso. Deixa que eu faço.

ANISSA: Me mantém ocupada.

ROCH: Você não precisa se ocupar. Relaxa. Pega um copo. Tem uma cadeira pra cada, eu fiz as contas.

ANISSA: Eu vou pra janela.

ROCH: Pra janela. Como se estivéssemos em Deauville.

GRINCH: E os seguros, tem novidade?

ROCH: Nenhuma.

GRINCH: São decorativas essas rachaduras.

ROCH: Não é inútil.

GRINCH: Serve para quê?

ROCH: Virou um cofrinho.

GRINCH: O cofrinho.

ROCH: A gente esconde a grana nelas.

GRINCH: Que grana, por exemplo?

ROCH: Os 3.000 paus com os quais a gente vai circular até o fim, meu velho Grinch.

GRINCH: Não fala isso.

ROCH: O quê?

GRINCH: Não fala isso.

ROCH: Nossas últimas horas.

GRINCH: Então vocês vão pra Portugal.

ROCH: É o menino que está organizando.

GRINCH: Ele está organizando bem.

ROCH: Está servindo para isso. Ele amadureceu um pouco.

GRINCH: Eu sou como essa parede.

ROCH: A gente teve os nossos momentos magníficos, na nossa escala.

GRINCH: Na nossa escala.

ROCH: Quê?

GRINCH: Nada.

ROCH: Grinch.

GRINCH: Não consigo mais te olhar.

ROCH: Não, Grinch. Grinch. Olha pra mim, olha para mim, eu tô te falando.

GRINCH: NÃO CONSIGO MAIS ME SEGURAR, ROCH.

ROCH: NÃO FAZ ISSO, GRINCH, ME ESCUTA.

GRINCH: NÃO CONSIGO.

ROCH: GRINCH.

GRINCH: NÃO CONSIGO MAIS.

ROCH: PARA COM ISSO AGORA, AGORA.

GRINCH: ISSO PRECISA SAIR, MERDA.

ROCH: PÕE MÚSICA, PÕE MÚSICA, PÕE PARA A GENTE UMA COISA FODA. STATUS QUO, EU QUERO O STATUS QUO.

GRINCH: NÃO CONSIGO. NÃO CONSIGO MAIS.

Grinch arrebenta em um longo grito antes de desatar a chorar.

BAKOU: O que está acontecendo?

ENÉE: É o Grinch, ele foi embora.

CÉLESTE: Foi embora do tipo?

ENÉE: Para o outro lado do espelho. Regime novo.

BAKOU: Esfregão!

ENÉE: Puta merda, até aqui ele tinha segurado bem.

ROCH: A cena representa
A ruptura da barragem
Grinch
No momento da salada mexicana

Quando Magda desapareceu
Grinch construiu
Nele um tipo de
Barragem
Uma grande barragem artificial
Para impedir que os quilolitros de
Lágrimas
O derrubassem

Quando Filip se suicidou
A barragem se rompeu
Grinch chorou durante
Nove dias
Ele parava só para
Dormir
Antes de recomeçar

Ele perdeu cinco quilos em
Nove dias
E a gente falava do
Regime Revolucionário do Grinch

Grinch se joga no chão e rola sobre si mesmo.

GRINCH: NÃO CONSIGO! NÃO CONSIGO! NÃO CONSIGO!

ROCH: Grinch, ai, Grinch!

ANISSA: Grinch!

MOURAD: Ele vai bater a cabeça!

CÉLESTE: Tem que segurar ele.

ANISSA: Pega as mãos dele!

MOURAD: Não consigo!

GRINCH: EU NÃO QUERO QUE TU MORRA! EU NÃO QUERO QUE TU MORRA! EU NÃO QUERO QUE TU MORRA!

ROCH: Ei, Grinch, você percebeu, em *eu não quero que tu morra* tem tumor. Ele está em tudo, esse filho da puta!

ANISSA: Roch!

MOURAD: Ele é louco, o seu velho.

BAKOU: Roch, isso não vai fazer ele voltar.

ENÉE: Segura a língua dele, segura a língua dele!

MOURAD: Ele é epilético?

ENÉE: Não, mas ele engole a língua mesmo assim. *Por penitência*, quando o filho dele morreu ele disse isso.

GRINCH: EU NÃO QUERO QUE TU MORRA! EU NÃO QUERO!

CÉLESTE: Ele consegue engolir a língua?

ANISSA: Segura as pernas dele, Mourad.

MOURAD: Eu não quero machucar.

ANISSA: Por enquanto é ele quem está te batendo.

BAKOU: Ele não está sentindo nada, até parece, ele está paralisado!

ANISSA: Um balde de água fria, Enée.

GRINCH: AAAAAAAAAAAAAAHHHHHHHHHH!!!

ENÉE: Já vai!

CÉLESTE: O que é isso?

MOURAD: Eu acho que são os feijões da salada.

BAKOU: Saiu do Grinch.

CÉLESTE: Eu enfiei a mão aí dentro.

BAKOU: Você não foi obrigada.

GRINCH: EU VOU MORRER!

ROCH: Calma, Grinch! Calma!

CÉLESTE: Onde está o papel-toalha?

ANISSA: Pega papel higiênico.

MOURAD: Ele está insustentável!

GRINCH: EU VOU MORRER! EU VOU MORRER!

ROCH: Ah, não, sou eu.

GRINCH: NÃO, EU!

ROCH: Não insiste, meu velho, eu estou te dizendo que sou eu.

ANISSA: Tá, Dupont e Dupond, vamos parar com as idiotices agora, ok? De pé, Grinch, de pé!

GRINCH: JUNTOS! NÓS VAMOS EMBORA JUNTOS! EU NÃO TENHO MAIS NADA! MAIS NINGUÉM!

BAKOU: Ah, não é um concurso!

ROCH: E a Sininho, hein? O que você faz com a Sininho? Vai deixar órfã?

CÉLESTE: Quem é Sininho?

MOURAD: Deve ser a cachorra dele.

BAKOU: É a tatuagem dele.

CÉLESTE: Ele fez uma tatuagem?

BAKOU: A rua toda ficou sabendo.

MOURAD: Ele tatuou a Sininho?

BAKOU: No coração.

Enée volta com um balde de água, que joga sobre Grinch. Todo mundo se molha.

BAKOU: Puta merda, Enée.

CÉLESTE: Aprende a mirar.

GRINCH: EU VOU ME AFOGAR! EU VOU ME AFOGAR!

MOURAD: Ele vai se afogar agora!

ANISSA: Dá um tapa na cara dele, precisa dar um tapa.

ROCH: Não acredito, não acredito! Em que estado ele chegou, esse idiota.

ANISSA: Eu não vi nada disso vindo.

ROCH: A gente não vê, vem de longe demais.

ENÉE: Grinch é uma formiga. Ele armazena.

GRINCH: VOCÊ É O MEU ÚNICO AMIGO! EU NÃO TENHO MAIS NINGUÉM! NÃO ME RESTOU MAIS NADA. AS SARDINHAS NA GELADEIRA E LER OS MORTOS. *OS SORRISOS CINZA*. OS POSTES DE LUZ DA RUA QUE NÃO TÊM MÃOS! NÃO TÊM MÃOS, EU TOCO NELES QUANDO EU PASSO E NÃO DÁ EM NADA!

CÉLESTE: Ele está delirando.

MOURAD: Tem que mudar de tática. Acabou o 4-4-2. Vamos passar para o 4-2-3-1. Eu ataco sozinho. Deixa eu fazer. Grinch. Grinch, olha para mim. Aqui. Calma. Vem nos meus braços, vai. Vem. Sou eu, Grinch, é o Mourad. Vamos. Vai passar. Vem cá. Vem.

Mourad se senta na frente de Grinch e o abraça.

BAKOU: Que que cê tá fazendo?

MOURAD: Estou abraçando ele.

BAKOU: Por quê?

CÉLESTE: Psiu.

ANISSA: A cena representa

Mourad abraçando Grinch.

ENÉE: Ele o abraçou
Por um bom tempo

ROCH: Grinch continuou
A chorar
Nos braços de Mourad

ENÉE: Um bom tempo

CÉLESTE: A gente o olhava
Paralisados como
Tinha estado Grinch

BAKOU: É estranho ver isso

CÉLESTE: Dois caras que se abraçam sobre
O carpete
De uma pequena
Sala de jantar
Na parede
Uma faixa de torcedor

BAKOU: *Allez les Verts*

ANISSA: Pouco a pouco
Grinch reconstruiu
A barragem

ROCH: Eu não conseguia
Mais
Dizer uma palavra

Eu sentia os meus braços de papel
Flutuarem até
A ponta dos meus ombros
Fiquei surpreso de olhar
E de sentir
Que eu não ia
Deixar
Nada
Quando eu partisse

Eu não vou deixar nada

Eu não tenho grandes coisas
Mas não é que eu não tenha nada

Na minha vida eu fui bastante
Convencido
Que eu não era nada
O cocô de inseto sobre a toalha de mesa
O esforçado ultrapassado por tudo
O desanimado no fundo do seu corredor
Que não luta
Que não espera
Que não tem esperança
Mas de repente eu tinha isso
Essa imagem
De solidariedade
Real

Você chora e eu seguro as suas lágrimas

O que ela faz de mim, essa imagem?
Eu tenho essa imagem de nós
Ensopados
Na sala de jantar
Mourad que abraça Grinch
Grinch que chora a minha morte
Iminente

Meu filho que olha para isso
Com a sua beleza loucamente
Objetiva
Céleste e Bakou
Jovens tão bacanas
Que não estão

Nem aí

Para

Nada

Eu tinha vontade de dizer a
Anissa
Que eu a amava
De dizê-lo e que todo o mundo
Soubesse disso
Não dizer através de um vidro
Uma mordaça na boca
Como um prisioneiro
Dizer isso a ela com a força
De Grinch
A força que sabe recorrer
À dor

À energia do desespero

Mas a gente fez um pacto
E aí eu disse:
A gente enche a cara
Vamos, uísque
Para todo mundo

ENÉE: Mourad ergueu o Grinch
Que se levantou
O pudor voltou a cair
Sobre nós

CÉLESTE: A gente fez como se nada tivesse acontecido

GRINCH: Isso não aconteceu.

BAKOU: Roch disse:

ROCH: Música, maestro!

ENÉE: Grinch rebocou o seu corpo
Líquido
Até a sua pequena instalação
Em um canto do cômodo
Ele colocou
"Whatever you want"
Do Status Quo
E a gente dançou

"Whatever you want"/ música do Status Quo.
Eles dançam.

ENÉE: O frango com azeitonas

Vamos comer o frango

ROCH: O frango de Mesut

ENÉE: Eu vou passar
Uma vassoura
Rapidinho

ROCH: Bakou, serve o frango para as moças. Grinch, música, música!

GRINCH: Eu tenho uma coisa que vai combinar muito com o frango.

ENÉE: Então o Grinch
Mandou
Uma coisa que eu

	Nunca entendi Ele disse:
GRINCH:	Ryan Paris "Dolce Vita"
ENÉE:	Como se ele fosse locutor De uma rádio FM Na ponta da ponta da banda
BAKOU:	A gente comeu o frango Enquanto escutávamos Ryan Paris

"Dolce Vita"/ música de Ryan Paris.
Eles comem o frango com azeitonas.

ROCH:	Não me faz mais isso, Grinch.
GRINCH:	Você está falando do quê?
ROCH:	De nada.
GRINCH:	Está tudo bem por agora.
ROCH:	Quê?
GRINCH:	Bom, sua festa.
ROCH:	Está bom o frango?
GRINCH:	Ele está macio demais. Eu gosto de frango quando está um pouco duro, senão parece peru.
ROCH:	Não vejo aonde você quer chegar com isso.
GRINCH:	Pego mais uma cerveja pra você?
ROCH:	Ok.

ENÉE: A gente bebeu
A gente comeu
O creme bávaro com frutas
Vermelhas

GRINCH: Superbom.

BAKOU: Viva Mesut!

ENÉE: Ah, não, o creme bávaro fui eu.

BAKOU: Você que fez isso?

CÉLESTE: Massacre.

ENÉE: A gente trocou ideia de futebol
O lugar do Saint-Étienne na Série A
O escândalo do Blatter e do Platini

A gente trocou ideia sobre o estado global da
França
Sobre as inundações nos Alpes Marítimos
Sobre o acidente de Puisseguin
Que deixou 43 mortos
Na semana anterior

A gente trocou ideia de novo sobre os terremotos
Sobre os seguros que nos deviam a grana
Que teria servido para pagar o frango

A gente riu muito
Falando sobre o último filme do Dany Boon
Que ninguém viu

A gente ficou juntos
Até três da manhã

A gente estava procurando a conclusão

GRINCH: Eu tenho uma coisa para propor.

ROCH: Quê?

GRINCH: Murray Head.

BAKOU: Quem é?

GRINCH: Bom, Murray Head. O cantor.

MOURAD: Não é um jogador de tênis?

BAKOU: Não, esse é o Andy Murray.

CÉLESTE: Agora Grinch mandou
"Say it ain't so"
E virou imediatamente
A minha música
Preferida

"Say it ain't so"/ música de Murray Head.

ENÉE: Meu pai convidou a Anissa
Para dançar
Ele que estava se mantendo de pé com
dificuldade
Ela sustentava todo o seu peso
Eles não conseguiam nem mesmo
Girar
Era uma dança quase
Imóvel
Que eu estava observando por cima
Do ombro
De Céleste
Que tinha apoiado
O rosto contra o meu pescoço
Bakou e Mourad
Dançavam juntos
Grinch
Dançava com aqueles que teriam
Gostado

De estar ali
Mas que não podiam

Em um certo momento
Eu acho que todos nós
Fechamos os olhos

Um silêncio, imóvel.

ANISSA: Quando nós os reabrimos
A morte
Tinha organizado os restos
Ela tinha lavado a louça
Organizado os talheres
De volta na gaveta
Os pratos
Os copos

ROCH: Ela tinha limpado
O chão

ENÉE: A sala de jantar estava
Limpa

ANISSA: A morte estava sentada
Em um canto do cômodo
E ela fumava
Esperando
Que nos despedíssemos
Uns dos outros

BAKOU: Uma cigarrilha
Uma coisa de moleque

CÉLESTE: Eu olhei Enée
Eu olhei Mourad
Eu estava chapada

MOURAD: Eu também estava
Chapado

ENÉE: Nós estávamos todos
Chapados

BAKOU: E a morte fumava *tranquilla* uma cigarrilha
Sob uma fissura
Da primavera
Yupi

CÉLESTE: Yupi

MOURAD: "A personalidade do homem é material e espiritual
O homem não é perfeito
O homem é capaz de vencer a sua natureza
material
O homem é o único responsável pelo seu futuro"

ENÉE: No céu
Não havia nenhum Deus
Para ninguém
Esse era um dos nossos pontos comuns:

Nós tínhamos todos
Sido
Abandonados
Pelas instâncias superiores

Sete ateus em um cômodo
E a morte em modo de *não enche, eu estou
curtindo*

GRINCH: É o meu filho.

CÉLESTE: Quê?

GRINCH: Vocês todos estão vendo?

BAKOU: A morte fumando uma cigarrilha?

ENÉE: Eu estou vendo.

GRINCH: É o Filip.

ROCH: Filip?

GRINCH: É o meu Filip.

ROCH: Não é o Filip.

GRINCH: É sim, é ele.

CÉLESTE: Tinha só azeitona nesse frango?

ROCH: É o Filip?

GRINCH: Você está reconhecendo?

BAKOU: Eu não posso deixar de me perguntar o que o Christian Bale faria nesta situação.

ROCH: Filip há vinte anos.

GRINCH: É ele.

ROCH: Ele envelheceu muito.

GRINCH: A gente não sabe pelo que eles passam.

ENÉE: Quem?

GRINCH: Eles.

ROCH: Você não abraçou ele.

GRINCH: Eu já tentei.

CÉLESTE: Ele se recusa?

GRINCH: Ele escorrega.

ROCH: Você não pode pegar ele nos braços?

GRINCH: Ele escorrega, estou te dizendo, para de insistir.

MOURAD: Tenta.

GRINCH: Mas é que nem um polvo.

BAKOU: Um polvo.

GRINCH: De todo modo ele nunca fica muito tempo. Olha, ele está indo embora.

ANISSA: A morte tinha esse rosto
Nessa noite
Onde nós
Dissemos "até mais" a alguns
"Adeus" a outros

Adeus

ROCH: Adeus. Seja a mais forte. Fica com o meu casaco, ainda está chovendo.

ANISSA: Eu não tenho a intenção de sair e fazer a dança do sol.

ROCH: Fica com ele mesmo assim.

ANISSA: Vou ficar.

ROCH: É de poliéster, mas a cor é legal.

ANISSA: Vinho.

ROCH: É vinho, isso?

ANISSA: Vinho, é.

ROCH: Eu teria dito vermelho.

ANISSA: Vermelho-arroxeado. Vinho, acho.

ROCH: Eu me recuso a que as nossas últimas palavras sejam essa discussão absurda sobre a cor do meu casaco.

ANISSA: E justamente.

ROCH: Acho que a gente está comemorando as nossas bodas de chuva.

ANISSA: Foi isso que me pareceu.

ROCH: Feliz aniversário.

ANISSA: Feliz aniversário.

ENÉE: Obrigado por terem vindo, todos. Foi ótimo. Até mais.

ANISSA: Até mais, Enée.

ENÉE: Se cuida, como se diz.

ANISSA: Mas e você, o que você diz?

ENÉE: Obrigado pelos biscoitos.

ROCH: Vou ficar com a imagem guardada, meus amigos.

MOURAD: A sua aura está intacta, Roch, você sabia disso?

ROCH: Ah, é?

MOURAD: Ela é bizarramente magnífica.

ROCH: Deduzo daí que as metástases não creem em ciências ocultas, Mourad.

GRINCH: Vai. Vai morrer, estrume.

CÉLESTE: Eu ia dizer a mesma coisa.

ROCH: Vou tentar.

ENÉE: Mourad, você não quer acompanhar a Céleste até o bloco dela? Não é longe, mas, visto o horário.

MOURAD: Na paz dos vivos.

CÉLESTE: Ela é grande, a Céleste, ela sabe ir sozinha, mas é gentil, ela aceita.

BAKOU: A cena representa
O último instante
Antes do desaparecimento de Enée e Roch
Na natureza
Violenta

Sob os nossos pés
Os terremotos
Rastejam como cobras

O quadro inteiro exprime a cola
Na qual nos debatemos

A morte
Para se fazer
Apresentável
Usa o rosto
Dos que nos são próximos
A gente sabe

Ela os usa

Nós estamos aqui
Mergulhados
Nesse último instante
E todos nós temos o rosto de
Filip

Bem na nossa cara
Era Filip
Era Filip, era bem ele
Nós todos temos na nossa cara
O rosto de Roch
E o do meu amor
Meu amor
Que olha a cena

Sem saber
Como interpretá-la

Boa viagem, meu amor

ENÉE: Obrigado.

BAKOU: Eu te curto.

ENÉE: Eu também, meu mano.

BAKOU: No sentido *eu te amo* da expressão. Tchüss.

ENÉE: Ele desapareceu
Eu estava fodido demais
Para entender
Que em certas circunstâncias

Eu te amo

Quer dizer

Eu te amo?

12. QUEDA PARA CIMA

Mourad e Céleste se beijam debaixo de um poste de luz que falha um pouco.

Chove.

Eles não estão nem aí.

13. DEBAIXO DO ROLO DE MATAR MOSCAS

GRINCH: Vocês vão descobrir coisas sobre mim que poderão surpreender, mesmo se a gente compartilha,

vocês e eu, de algumas qualidades, são sobretudo as loucuras que nos aproximam, loucuras-
absurdas que fazem de nós seres absurdos
imersos em uma merda absurda. Nós somos
absurdos e loucos por necessidade, a fim de
representar bem a espécie à qual pertencemos,
que deve cumprir o seu papel da espécie mais
absurda e louca da criação. Vocês vão então
descobrir coisas sobre mim que não vos sur-
preenderão.

ROCH: No dia seguinte à festa, às seis horas da manhã,
ou seja, três horas de sono mais tarde, Enée
me ajudou a me lavar. Estávamos perdidos, estávamos tristes e eufóricos, estávamos inibidos
e excitados ao mesmo tempo, uma mistura de
sentimentos realmente boa, porque a intensida-
de deles tinha belas consequências na pele e no
coração.

ENÉE: A gente fechou a mala, a gente se arrumou, a
gente checou tudo antes da saída, janelas, rachaduras, torneiras, disjuntores.

ROCH: Bom.

ENÉE: Eu acho que está tudo certo.

ROCH: Eu prefiro te prevenir antes de a gente sair: está
fora de questão que eu me extasie com tudo
e nada sob o pretexto de que eu vou morrer.
Eu não vou de repente me impressionar diante
dos circuitos escondidos da beleza que os meus
olhos não distinguiam até que o câncer os reve-
lou para mim. Um graveto é uma porra de um
graveto, não vamos fazer tempestade em copo
d'água, está claro?

ENÉE: Está.

ROCH: Tem hospital lá onde a gente vai?

ENÉE: Não muito, sei lá, na verdade.

ROCH: Não quero hospital. Eu morro onde eu morrer, ok?

ENÉE: Ok.

ROCH: Eu me pergunto por que você quer a essa altura que eu morra com os portugueses.

ENÉE: Eu não quero que você morra com os portugueses.

ROCH: Bom, quer, sim.

ENÉE: É uma nação de poetas e navegadores.

ROCH: E aí, isso é uma razão?

ENÉE: Eu teria gostado de ser poeta e navegador, eu acho.

ROCH: Os dois?

ENÉE: Os dois.

ROCH: O que te impede?

ENÉE: Tudo.

ROCH: Bom, eu vou viver o que eu tenho para viver, e ponto. Não conte comigo pra lirismo e beatitude. Fora de questão acariciar as árvores miando, cantar Léo Ferré de frente para o Tejo, não vou achar que as portuguesas são as mulheres mais bonitas do mundo se esse não for o caso. A gente vai pegar um ônibus para Lisboa. Não será nunca nada além de um ônibus e não tem o que se extasiar com o meio de transporte dos pobres. Me fala de novo por que a gente não vai de avião?

ENÉE: Porque são 20 euros de diferença, são 20 euros. E também de ônibus a gente vê a paisagem, no avião a gente vê as nuvens.

ROCH: Pra mim seria um jeito de já sentir o gostinho.

ENÉE: Vou voltar a deitar.

ROCH: Vinte e cinco horas de ônibus, isso é que mata.

ENÉE: Papai?

ROCH: Quê?

ENÉE: Você pegou o envelope?

ROCH: Não, você que organizou, você que organizou!

ENÉE: Dá para mim, eu prefiro.

ROCH: Mas eu não estou com ele.

ENÉE: Para com as suas besteiras, me dá.

ROCH: Não estou com ele.

ENÉE: Estou sentindo que a gente vai se divertir.

ROCH: Eu não estou com a porra do envelope, não estou, não me faz gritar.

Silêncio.

ENÉE: A gente procurou
Por todos os lados

ROCH: Reviramos o apartamento
Gavetas prateleiras armários
Às vezes eu tenho confusões com a memória
Faço coisas e depois não sei mais o que
Fiz

Como os velhos
Alzheimer
Mas não nesse caso
Eu não fiz
Nada

ENÉE: A gente pensou
Foi a
Cerveja
Talvez? A gente revirou
O apartamento
Várias vezes

ROCH: Se eu liguei para o Grinch
Foi porque é o
Meu único amigo
Eu liguei para ele para dizer
Grinch
Eles roubaram
Minha grana

ENÉE: Caixa postal.

ROCH: Normal, são seis horas.

ENÉE: A gente foi até a casa dele
A gente bateu ligou bateu ligou
A porta continuou
Fechada
Foi o vizinho o padre Dimach
Que abriu e disse
Que o escutou sair
Essa manhã às quatro e dez
É a hora em que eu vou no banheiro

ROCH: Grinch saiu
Grinch desapareceu

GRINCH: É
Isso

	Eu
	Saí
	Fora
ENÉE:	Com a grana
GRINCH:	É
	Isso
	Com
	A
	Grana
ROCH:	Com a minha grana
GRINCH:	Com
	A
	Tua
	Grana
	Sim
	Isso
	Mesmo
ROCH:	Minha grana
ENÉE:	Os 3.000 paus
	Que a gente tinha conseguido
	Economizar
ROCH:	Foi o Grinch.
ANISSA:	A cena representa
	Roch e Enée
	Sentados na subida da escada de
	Grinch
	O ônibus para Lisboa acaba de
	Sair da cidade
	Eu estou
	Dormindo
	Enfiada

No casaco do Roch
E eu sonho com essa cena
Que no mesmo instante
Se realiza

Ao me levantar
Eu não me espantarei com nada

Ela se realizará
Do mesmo modo que eu a sonhei
E eu não vou ter nenhuma
Dúvida

Eu vou continuar descascando
A cebola
Que me deixa nua

GRINCH: A cena representa
O que eu quero que ela represente

Ela me representa

Agora é com o meu advogado
Eu só falo em sua presença

Eu peguei a grana na
Rachadura de Roch
É um ato de amor
De amor
De uma profundidade
Que eu ignoro
De mim mesmo

Sobre esse ato
Eu não tenho mais nada
A dizer

Eu voltei na
Chuva
No meio dos prédios

Eu me dei conta
Que era
Dia 1º de novembro

Eu murmurei
Que dia feliz, Magda
Que dia feliz, Filip

Eu estava com a grana
Na minha cueca
E eu estava tranquilo

Tomei uma ducha
Fechei uma mala

Peguei um trem para Chambéry
Depois Montmélian

Fui encontrar um cara
Com quem eu estava em contato
Pela internet
Um cara de Montmélian
Eu dei para ele
2.000 euros
Ele me deu
O seu conversível
Um velho Alfa Romeo Spider
Vermelho
220.000 de quilometragem
Amassado por todos os lados
Ferrugem na carroceria
E no capô cocô de pomba incrustado
Mas
Eu não estou nem aí
Visto que é para um uso único

Eu comecei a escutar
A minha vida não vivida

E no vazio azul
Eu abri minha camisa
Eu pisei no acelerador

14. RECURSO À POBREZA

ROCH: Grinch.

CÉLESTE: Grinch?

ENÉE: Foi o Grinch.

BAKOU: Por que ele fez isso?

ROCH: Grinch.

ANISSA: Ele mesmo não sabe de nada sobre isso.

MOURAD: Isso me dá vontade de me enterrar vivo. Isso não é a humanidade. Não é isso. O homem não é perfeito. Mas a esse ponto?

BAKOU: É o cavalo de Troia, esse cara.

ROCH: Grinch.

ANISSA: Roch, olha para mim.

ENÉE: Ele está em parafuso desde de manhã, não sabe dizer mais nada: Grinch, Grinch.

CÉLESTE: Você ligou para os gambés?

ENÉE: Os gambés?

CÉLESTE: Sabe, esses caras de uniforme que acenam a mão.

ENÉE: Você tá doida. É o Grinch.

CÉLESTE: Ele roubou a grana de vocês.

ANISSA: Você viu que eu fiquei com o seu casaco?

ROCH: É o meu casaco?

ANISSA: Sim, é o seu casaco.

ROCH: Grinch roubou meu dinheiro e você, o meu casaco.

ANISSA: Eu não roubei teu casaco, você me deu.

ROCH: Grinch voltou?

ANISSA: Não, ele não voltou.

ENÉE: É o Grinch. Ele tem a sua razão e ela é necessariamente aceitável.

BAKOU: Enée, o Magnânimo.

ENÉE: O quê?

BAKOU: Eu te reconheço, só isso. E te admiro.

ENÉE: O dinheiro se perdeu para a gente. Para ele, não. Está dentro da família.

CÉLESTE: Da família?

ENÉE: A família é a *cité*. A família é viver.

CÉLESTE: Se você está dizendo.

ENÉE: Não é isso que vai me impedir de levar meu pai para ver o sol. O sol não é um detalhe. Nunca.

MOURAD: Se a gente organizar uma vaquinha? Eu posso dar 150. Mais é complicado, mas 150 eu garanto.

BAKOU: Eu também. Eu dou um jeito.

ANISSA: E eu quero que se foda o webmarketing. Já sou formada em um monte de outras coisas. Posso ajudar.

CÉLESTE: Eu não garanto que ficarei na total e virginal legalidade, mas eu garanto também. Isso já dá 450 euros.

ENÉE: Nada. Eu não quero nada. Eu vou carregar meu pai. Se for preciso, eu vou carregá-lo. Eu sei o que são 150 euros. Para vocês e para mim, eu sei o que são. Eu vou carregá-lo. Papai, a gente vai embora. A gente não está em uma propaganda: não me incomoda que através da janela a terra pareça a esse ponto feita para os perdedores. Isso me corresponde. Eu já perdi um monte de coisas. Eu posso continuar. É com o meu coração que eu quero desafiar as coisas. Não com a grana dos outros. Eu vou jogar a partida com o meu coração e com os meus ombros. Meu pai vai morrer, desculpa, papai, mas eu acho que a ideia inicial mudou de rumo, a gente pode falar disso sem a mão na frente da boca. Se Grinch roubou nossos 3.000 paus, foi para nos dizer: vocês não precisam de 3.000 paus, caras.

ROCH: Então vamos desencarnar no sol.

ENÉE: Dessa vez, adeus. Não nos vejam partir. Vamos roubar o instante da partida.

15. EU CONFIO NOS MOINHOS DE VENTO

ANISSA: A cena representa o caminho
Traçado por Enée
Através da *cité*
Através da cidade
Pelas estradas
Em direção a um faroeste nem tão *far* assim
Mas a pé tudo é longe

Enée
Leva Roch
Sobre os seus ombros
Tornados largos
Pela pobreza

A pobreza é sempre generosa

Ombros do meu jovem amor
Esvaziados
Das ilusões
Que fizeram sua infância

A infância lhe tirou seu chapéu
Aí está ela nua
Incendiada

ROCH: A vida
Filho
Você a queima
Isso é tudo

ANISSA: Ele era o perdedor escolhido pela perda
Ela própria
A perda virou a sua mãe
Ausente

Quando ele dizia: Mamãe
Ele dizia: Perda

Perda, continua falando comigo
Me ajuda a perder mais

E ele perdia
Uma ilusão a mais
Na beira da estrada
Entre Le Puy-en-Velay
E Tarreyres
Onde ele para e vai beber água
De uma fonte

Dá de beber ao seu pai

E eu descascava
A cebola que me punha
Nua
De todas
As minhas forças
Eu descascava

Eu era a mãe e a vizinha
A mulher e a amiga
A amante e a irmã
Eu era todas as mulheres
E a mais solitária

ROCH: Obrigado.

ENÉE: Tudo bem?

ROCH: E você?

ENÉE: Tudo bem?

ROCH: Onde a gente vai dormir?

ENÉE: Não sei.

ROCH: Quando a gente vai dormir?

ENÉE: Também não sei.

ROCH: Você é foda.

ENÉE: A gente vai encontrar a hora e o abrigo.

ROCH: Eu vou andar um pouco.

ENÉE: Certeza?

Ele cai.

ANISSA: As pessoas veem passar um filho
Que leva o pai
Sobre seus ombros

ROCH: O pai derrete-se sobre
Os ombros do filho
Como um bloco de
Gelo humano

ANISSA: Quantos se deixam penetrar?

ROCH: É banal.

ANISSA: Como as mulheres o são no amor pelos homens.

ROCH: Você acharia isso banal.

ANISSA: Um homem carregado por um outro, eu nunca acharia isso banal.

ROCH: Eu vou andar. Eu consigo. Eu consigo andar um pouco.

Ele cai de novo.

ANISSA: O pai às vezes chora sobre o filho
Lágrimas
Em forma de sílex
E do mesmo peso
Quando o filho para pra sugar
As bolhas dos
Seus próprios pés
Em sangue

Entre Mende e Lapanouse
Entre Rodez e Baraqueville
Entre la Baraque Saint-Jean

E Les Mortiers
Entre Cazères e
Saint-Gaudens

ENÉE: Vamos dormir aqui.

ROCH: Por que aqui?

ENÉE: Porque eu não aguento mais.

ROCH: Aqui?

ENÉE: Está bom.

ROCH: Por que a gente veio?

ENÉE: Não sei mais.

ROCH: A gente pode voltar?

ENÉE: Acho que não.

ROCH: Eu gosto dos portugueses em geral, quer dizer, não tenho um problema particular com os portugueses, no passado eu trabalhei com portugueses no Porto, eles não eram preguiçosos, os caras. Mas ver os portugueses, isso era uma coisa para me fazer supostamente sonhar?

ENÉE: É a ponta da Europa em direção ao Oeste. John Wayne. Clint Eastwood.

ROCH: Eles são portugueses?

ENÉE: Você prefere os States?

ROCH: Direitistas.

ENÉE: Tá falando sério?

ROCH: Wayne e Eastwood: dois grandes direitistas.

ENÉE: A perda era um veículo

Prático
519 quilômetros foram engolidos em
Cinco dias

ROCH: Eu teria escolhido
A Itália
Pelo manjericão
Fresco

16. COREOGRAFIA DO FUNDO DO POÇO

Vê-se um homem dirigindo um conversível. Ele está usando óculos escuros. Sua camisa está aberta de maneira ostentosa. Vê-se a Sininho tatuada no peito.

GRINCH: A cena representa a minha chegada
Triunfante em
Portofino

Eu tenho um plano A
Meu plano A

Se ele não funcionar
Eu tenho um outro plano A

Não tem outra alternativa
Que não um certo número de
Planos A
Eu não estou aqui
Para fazer
Figuração
Eu tenho a camisa
Eu tenho a tatuagem
Eu tenho a vontade
Eu tenho o carro
Eu tenho o rádio
Eu tenho a playlist

Vou encontrar uma italiana
E vou dar um filho a ela
Novo
Um filho jovem
Muito jovem
Será um bebê
É isso
Eu vou dar pra ela um verdadeiro bebê
Um bebê novo

Anissa aparece, a barriga inchada.

GRINCH: Você reconheceu a música?

ANISSA: Umberto Tozzi.

GRINCH: É velho.

ANISSA: Você dança?

GRINCH: Me falta otimismo.

ANISSA: Você vai para três outras cidades. Talvez quatro. Rimini. Pescara. Nápoles. Você assumirá sua pose de *lover* pançudo. Nas hastes dos seus óculos escuros vão pousar pássaros com diarreia. A cada vez, você será o cara mais ridículo. E você terá só o fantasma do teu filho para te lamentar. O único que sabe, que sabe até que ponto, o único que conhece o abandono, ao menos tanto quanto você. Papai. Meu pequeno papai. Nós sabemos, eu e você.

17. OS BALANÇOS

CÉLESTE: Ontem a sua barriga estava reta.

ANISSA: Inflou essa noite, de uma vez só.

CÉLESTE: É o Espírito Santo?

ANISSA: Ele fode rápido e bem.

CÉLESTE: Eu não gostaria de ser fodida pelo Espírito Santo. Depois você passa a vida se beliscando.

ANISSA: Você tem novidades?

CÉLESTE: Eu ligo e ele não responde, e você?

ANISSA: Agora há pouco. Falei com o Roch. Eles estão na fronteira espanhola. Isso é tudo que eu sei.

CÉLESTE: Ele ainda está vivo.

ANISSA: Sim.

CÉLESTE: Quem é?

ANISSA: Não sei.

CÉLESTE: Você quer saber?

ANISSA: O sexo?

CÉLESTE: O pai.

ANISSA: Não.

CÉLESTE: Você transou com ele?

ANISSA: Quem?

CÉLESTE: Enée.

ANISSA: Não.

CÉLESTE: Você transou com ele.

ANISSA: Não.

CÉLESTE: É ele o pai.

ANISSA: Eu não transei.

CÉLESTE: Eu sinto a pica dele em todas as mulheres que tocou.

ANISSA: Não, estou te falando.

CÉLESTE: Todo mundo diz que você dorme com a *cité* inteira porque você não conseguiu se casar. Você comeu até o Espírito Santo, então.

ANISSA: Por que você está sendo má?

CÉLESTE: Ah, a mulher é má.

ANISSA: Cala essa boca agora.

CÉLESTE: Você cala a sua boca.

ANISSA: Eu prefiro quando você não me trata como sua irmã mais velha.

CÉLESTE: Não posso fazer nada, eu tenho afeto por você.

ANISSA: Guarda o seu afeto para você.

CÉLESTE: Eu estou saindo com o Mourad.

ANISSA: E?

CÉLESTE: Nada, eu estou saindo com o Mourad.

ANISSA: Eu não sou sua irmã, tá bom? Não sou a irmã de ninguém. Eu não fico confraternizando, porque isso é modinha.

CÉLESTE: A gente frequenta as mesmas pessoas, só isso.

ANISSA: "A gente frequenta as mesmas pessoas"? Como você falou? Pessoas. A gente frequenta as pessoas! A gente não frequenta as pessoas! Uma madame frequenta as pessoas. Não eu, entendeu. Eu não frequento as pessoas. Eu gosto ou não gosto, mas eu não frequento.

CÉLESTE: Ok, a gente gosta das mesmas pessoas. Para de me dar bronca, você tá fazendo crescer em mim algo que eu não gosto nem um pouco.

ANISSA: Ah, é?

CÉLESTE: É.

ANISSA: Isso me interessa. Deixa sair, vai.

CÉLESTE: Vai ferrar a minha aura e eu não estou com nenhuma vontade de ferrar a minha aura.

ANISSA: Sua aura, que aura? Você tem uma aura, é isso?

CÉLESTE: Eu tenho uma mega-aura, sim.

ANISSA: E qual é a forma dela?

CÉLESTE: Uma grande aura em forma de dedo. Assim.

ANISSA: É engraçado, eu te sinto totalmente desestabilizada, madame-eu-tenho-uma-grande-aura. Você é vulgar porque você está tremendo. Na verdade você foi construída sobre ruínas. Você disfarça bem de costume. Você fala bem. Você fala alto. Mas aí teu queixo fica estalando.

CÉLESTE: É que eu retenho tudo, eu retenho, mas caralho...

ANISSA: Por quê? Você tem medo? Porque eu estou te olhando? Eu estou te olhando e te vendo. É isso que te dá medo?

CÉLESTE: Você é exatamente aquilo que eu sonho não virar. Grávida, sozinha e sedentária. Olha as suas unhas. Olha as suas cutículas. Seus lábios tão todos rachados. Quando você tiver sessenta anos você vai ter a impressão de ter tido essa idade a vida inteira, e isso vai ser verdade. Você tem os seus pequenos auxílios, os seus pequenos rendimentos de seguros, seus esqueminhas que fazem com que você ainda tenha um teto, mas de tanto tomar a sua distância em relação a tudo, sua criança e você vão acabar na rua, junto com os outros fodidos. Você não tem nenhuma ambição, nenhum senso pelos outros, nenhuma vontade verdadeira de participar do que quer que seja, à noite você adormece na sua caminha de solteiro, a cabeça sobre uma quinzena de veleidades que você jogará fora sem nem se dar conta. Você está preparando para você um belo futuro de excluída, minha velha.

ANISSA: Essas são as suas flechas? Seu arco está vazio? Eu continuo de pé. E agora?

CÉLESTE: Agora eu estou me sentindo mal por ter te dito isso.

ANISSA: Por quê?

CÉLESTE: Eu poderia ter dito a mesma coisa de mim.

18. UMA ROSA UM POUCO ESPECIAL

ENÉE: Como você se chama?

BETTY: Não posso te dizer.

ENÉE: Por quê?

BETTY: Não devo falar.

ENÉE: Para mim você pode.

BETTY: Por que para você?

ENÉE: Porque eu sou o cara mais triste da região.

BETTY: Você tem um certificado?

ENÉE: Se você estalar os dedos eu caio em lágrimas.

Ela estala os dedos, ele cai em lágrimas.

ENÉE: Você acredita em mim?

BETTY: Você é ator?

ENÉE: Não. Mas eu tenho uma amigo ator. Ele fez uma propagandada Barilla. A propaganda com os jogadores de rúgbi. É ele.

BETTY: Com o jogador de rúgbi com o braço quebrado?

ENÉE: Você viu?

BETTY: Vi, sim.

ENÉE: O negro da equipe é o Bakou, é o meu amigo.

BETTY: O negro?

ENÉE: O negro, à esquerda da tela, que come assim.

BETTY: Já sei.

ENÉE: Ele é ator, eu não. Eu sou. Eu não sou nada. Eu. Eu estou com meu pai. Estou carregando ele. Sou carregador. Como no circo, sabe? Como você se chama?

BETTY: Betty. Eu me chamo Betty. E você?

ENÉE: Enée.

BETTY: Enée?

ENÉE: Enée.

BETTY: É um nome, isso?

ENÉE: É o nome do herói da *Eneida*.

BETTY: É uma série?

ENÉE: Um livro.

BETTY: Não conheço.

ENÉE: Também não.

BETTY: Você nunca leu?

ENÉE: Nunca.

BETTY: Então você não sabe quem você é?

ENÉE: De que serve saber?

BETTY: Eu também não acredito nos psicólogos.

ENÉE: Trabalhar na estrada não deve ser simples.

BETTY: Também não é tão complicado.

ENÉE: A cor da sua blusa é engraçada.

BETTY: Eu só gosto de preto.

ENÉE: Parece que a Espanha está logo ali do outro lado.

BETTY: Irun, Saint-Sébastien. É pra lá que você vai?

ENÉE: Portugal.

BETTY: Mais um pedaço então.

ENÉE: A gente pode dormir aqui?

BETTY: Fecha à meia-noite.

ENÉE: Vou refazer minha pergunta, Betty. Toma o tempo que precisar antes de responder: a gente pode dormir aqui?

BETTY: A gente quem?

ENÉE: Você e eu, e meu pai.

BETTY: Você e eu, e o seu pai.

ENÉE: Meu pai.

BETTY: Onde está o seu pai?

ENÉE: Lá fora. Ora.

BETTY: Ele é como?

ENÉE: Ele tem câncer.

BETTY: Merda.

ENÉE: Ele é gentil. É um canceroso gentil.

BETTY: Tá bom.

ENÉE: Você tem filhos.

BETTY: Tenho um filho, sim. Como você sabe?

ENÉE: Dá pra ver. Dá pra sentir.

BETTY: Ele se chama Tom. Tem nove anos.

ENÉE: É uma boa criança.

BETTY: Eu tento criar ele bem, mas o salário aqui não é muito.

ENÉE: Não precisa trabalhar.

BETTY: Quê?

ENÉE: Para.

BETTY: Para de quê?

ENÉE: De trabalhar. Para de trabalhar.
Eu vivo de nada. Com meu pai, a gente não tem nada. De verdade, nada.

BETTY: As pessoas que pegam a estrada têm grana.

ENÉE: Foi um toulousiano quem deu carona para a gente. Ele tem um negócio na Espanha, uma coisa de artesanato.

BETTY: Vocês não seguiram com ele?

ENÉE: Meu pai vomitou no banco dele.

BETTY: Merda.

ENÉE: É a única saída.

BETTY: O quê?

ENÉE: Morrer antes de morrer. Assim a gente não se surpreende.

BETTY: Você é um fatalista.

ENÉE: Nem sei o que é isso.

Silêncio.

BETTY: Você está me perturbando.

Silêncio.

ENÉE: Eu rejeito o dinheiro, eu rejeito os sonhos pré-
-fabricados, eu rejeito as armas de consolação
massiva, os lixos da televisão, os dourados das
start-ups, os terraços onde o mundo faz poses,
as discotecas onde você perturba como um es-
fomeado as minas que não param de se mexer,
as redes sociais em que você só fala com um
outro você mesmo, os shoppings de sábado
à tarde, o boliche de inúteis, você não vai me
encontrar em nenhum lugar. Eu rejeito aqueles
que eu identifiquei como canalhas, está fora de
questão que eu trabalhe para eles, eu não vou
trabalhar, nunca. Eu rejeito a natureza, ela é forte
demais para mim. Eu renuncio a amá-la , é grande demais. Eu renuncio às minhas ambições. Eu
renuncio ao querer. Eu não quero nada além do
meu coração e dos meus ombros, entendeu?

BETTY: Não.

ENÉE: Meu coração e os meus ombros.

BETTY: Você é um romântico.

ENÉE: Só faltava essa.

BETTY: Um sentimental.

ENÉE: Antes morrer com um ferro escaldante no buraco da bala.

BETTY: Então você é o quê?

ENÉE: Eu decidi que o grande nada valia mais do que o
mínimo estrito.

BETTY: Você é um idealista.

ENÉE: Deviam ser queimados.

BETTY: Você é maluco.

ENÉE: Eu sou bom perdedor. É só isso. Eu perco.

BETTY: Pode dormir aqui, eu vou dar um jeito.

ENÉE: Não aceite as regras da sobrevivência. Elas foram definidas para você. Você vale mais que elas. Não aceite os horários de merda e um salário de morto-vivo. Não aceite que aos nove anos o seu filho já tenha um caminho todo traçado.

BETTY: Ele não tem um caminho todo traçado.

ENÉE: Claro que tem. Você sabe. Você sabe, não? Betty. Betty. É um bonito nome, Betty. Não aceite que o sujem e o escrevam em um crachá. Você é grande. Você é bonita. Você é a mulher que a gente sonha ter na nossa cama.

BETTY: Eu?

ENÉE: Mas claro.

BETTY: Você sonha em me ter na sua cama?

ENÉE: Com certeza eu sonho.

BETTY: Você é um sedutor.

ENÉE: De serpentes, exclusivamente. Você não é uma serpente. Com você as cartas estão na mesa.

BETTY: Não posso transar com você.

ENÉE: Por quê?

BETTY: Não é autorizado.

ENÉE: Autorizado?

BETTY: Eu sei, você vai dizer que eu sou certinha demais.

ENÉE: Você que sabe.

BETTY: Eu sou certinha demais.

ENÉE: Você se dobra demais.

BETTY: Eu sinto isso.

ENÉE: Você sente?

BETTY: Eu me dobro demais.

ENÉE: A gente se dobra, todos nós.

BETTY: Mas e aí, o que é que a gente vai fazer?

ENÉE: A gente vai fazer amor em um lugar que você conheça e depois a gente dorme, você e eu e o meu pai.

BETTY: Na minha casa?

ENÉE: Na sua casa, por que não.

BETTY: Você vai mesmo assim para Portugal?

ENÉE: O que você quer dizer?

BETTY: Agora que a gente se encontrou.

ENÉE: Claro que não.

BETTY: Eu vou te avisar, se depois disso você me abandonar, eu vou me suicidar.

ENÉE: Você vai se suicidar?

BETTY: É, eu vou me suicidar.

ENÉE: Por que eu te abandonaria?

BETTY: Você pode tomar uma ducha?

ENÉE: É o que eu mais quero.

19. ESSE CORPO NÃO DURARÁ MAIS DO QUE TÃO NUMEROSAS NOITES

ROCH: Quando eu morrer você vai fazer o que o Grinch fez, o Grinch fez isso por amizade, tudo isso não é traição. Os mortos, é preciso empurrá-los para a sua partida, é preciso cagar em cima deles para que eles não tenham nunca vontade de voltar por aqui, entre os vivos, do lado da vida. Você vai me cobrir de merda, ok, filho?

ENÉE: Que é que cê tá dizendo?

ROCH: Só isso mesmo. Você vai ter que cagar em cima de mim com toda sua força. E você vai comer uma coisa bem apimentada antes disso, apimentada como nunca, um shawarma com todo tipo de pimenta e depois você vai soltar tudo isso em cima do meu caixão.

ENÉE: Você está perdendo o juízo, papai.

ROCH: As flores causam saudades. São uns perversos esses que jogam flores na sua cara de defunto. As rosas brancas, você sente, você vê, elas te pesam com todo o seu peso leve e perfumado de pequenas perfeições da criação e isso é a pior das coisas para fazer. Você vai cagar, promete.

ENÉE: Não.

ROCH: Eu conheço a sua merda de cor, eu já peguei na mão, já cheirei, eu achei ela magnífica, a sua merda, Enée. Eu dizia à tua mãe, olha esse cocô, olha como é bem moldado.

ENÉE: Eu tinha um ano.

ROCH: Jura pra mim.

ENÉE: Se eu cagar em cima de você, você vai ter ainda mais saudades de mim, de tanto que você ama a minha merda, não funciona o seu esquema.

ROCH: Não se você comer um shawarma grande e bem apimentado.

ENÉE: Não é mais do que merda.

ROCH: É isso, não é mais do que merda.

ENÉE: Eu não disse que sim.

ROCH: Nós sempre fomos os caras mais sérios de todos. Você vai cagar em cima de mim, não esquece, é importante. Pede para todo mundo com que você cruzar para vir fazer isso também. Me impeça de ter vontade de voltar. Eu não tenho grandes coisas, mas eu tenho você, e é preciso que o mundo cheire magnificamente a merda para que isso me tire toda a vontade de te rever. Eu vou ter sempre vontade de te rever, e que punhalada no coração.

20. ASSIM ESTAVA O TEMPO E NÓS FAZÍAMOS PARTE DELE

BETTY: Ah, meu Deus.

ENÉE: Quê?

BETTY: É horrível.

ROCH: O quê?

ENÉE: Betty, eu te apresento o Roch. Papai, essa é a Betty.

BETTY: Teve uns atentados.

ENÉE: Quê? Onde?

BETTY: Em Paris. Eles disseram que tem três tiroteios. No Bataclan, a casa de shows. Eles estão atirando na rua também. São os árabes.

ENÉE: Eu olhei
A tela em cima do balcão
Do lado do caixa
Da Betty

Eu olhei as pessoas
Em volta de mim
Devíamos ser uma dezena
A dezena da meia-noite
Em uma parada podre
De rodovia
Na fronteira
Espanhola
O mesmo que dizer
Fora do mundo

A gente esperava o amanhecer
E os cantos dos pássaros
A gente tinha
As armas distantes
E o banho de sangue
Da minha juventude

Porque era a minha juventude
Que eu via resumida

Ao pior
Nas chamadas da TV
E o meu cérebro fantasma
Batia
No meu coração
Como uma porra de um relógio
Fora de lugar

E eu não sabia mais pensar
Eu era uma coisa
Com o seu pai
Dentro
Ele também estarrecido
As maçãs do rosto
Repletas de lágrimas
Espessas
Como minhas fraldas
Quando eu tinha um ano

Eu era
Uma coisa com um país
Dentro
Esse país na borda do qual
Eu estava
Sempre
Na borda
Não preciso estar na fronteira
Para me sentir
Na borda
Na borda dele
Sempre
Na borda
Eu era
Uma coisa
Com pessoas dentro
Mudas
Moribundas

Apagadas
Uma coisa
Com
Isso dentro
Isso que acabou de acontecer

O atentado

Eles falam do Stade de France
Do Bataclan
Dos cafés da rua Charonne
A rua Fontaine-au-roi
Em Paris

A gente vê isso
Os caras pedindo
As cervejas
E comentando
Em voz alta
São essencialmente caminhoneiros
De veículos pesados
Insones
Aqueles que se aquecem
Porque a rota
É longa

BETTY: Eles estão dizendo que vão matar todo mundo.

ENÉE: Betty –

BETTY: Isso não pode continuar assim. No medo. Todos nós temos medo.

ENÉE: Betty, você pode me emprestar o seu telefone?

BETTY: Eu estou dizendo que vai ter uma guerra civil.

ENÉE: Eu preciso telefonar. Preciso fazer uma ligação. Rapidinho, por favor.

BETTY: Eu tenho a sorte de morar em Biriatou.

ENÉE: Rapidinho, por favor.

BETTY: Quê?

ENÉE: Não tenho mais créditos. Eu posso receber as ligações, mas não posso fazer. E eu preciso ligar, eu preciso ligar mesmo.

BETTY: Para quem?

ENÉE: Como assim, para quem?

BETTY: É o meu telefone. Eu tenho o direito de saber, não? É na França ou no estrangeiro? Eu tenho um pacote especial que permite ligar para toda a Europa. Não é mais caro.

ENÉE: Mourad. Preciso ligar para o Mourad.

BETTY: Mourad?

ENÉE: Mourad.

BETTY: Quem é Mourad?

ENÉE: Um amigo.

BETTY: Na noite em que estão acontecendo atentados cometidos por árabes em Paris você precisa ligar com toda a urgência para um certo Mourad. Eu tenho o direito de fazer perguntas. A gente vê todo tipo de gente no meu trabalho.

ENÉE: Eu entendo.

BETTY: Eu te conheço mal e eu não quero ser vítima dos meus sentimentos.

ENÉE: Mourad é um velho amigo.

BETTY: E ele poderia estar envolvido com os acontecimentos?

ENÉE: Que acontecimentos?

BETTY: Os acontecimentos.

ENÉE: Como assim *envolvido*?

BETTY: Você sabe o que eu estou querendo dizer.

ENÉE: É isso. Ele está envolvido. Mourad é um terrorista muçulmano e eu sou seu cúmplice. Você é uma mina bem comédia, Betty, eu te juro que você é uma comédia. Eu aposto que você vê um monte de séries de TV.

BETTY: E daí?

ENÉE: Séries policiais.

BETTY: E daí?

ENÉE: E daí para já com isso e me empresta o seu telefone. Me empresta ou eu juro que você vai se arrepender.

BETTY: Ha! Nossa!

ENÉE: Quê?

BETTY: Você está me ameaçando. Você está sendo agressivo. Você está mostrando seu verdadeiro rosto.

ENÉE: Eu estou sendo agressivo porque eu quero ter notícias do meu amigo. É só isso. Mourad é meu amigo e eu quero ter notícias dele. Eu não estou mostrando nenhum rosto.

BETTY: Ele está em Paris nesse momento?

ENÉE: NÃO!

BETTY: Onde ele está?

ENÉE: Não sei nada disso. Na casa dele, eu espero. Com a minha ex fazendo amor. Eu espero.

BETTY: Com a sua ex?

ENÉE: Betty. Minha pequena Betty. Pensa no Tim.

BETTY: Tom.

ENÉE: Pensa no Tom. Pensa nele. É tão reconfortante pensar nas crianças. Elas são cheias de neurônios. Elas são cheias de consciência. Cheias de maravilhas. Isso esquenta o coração, não?

BETTY: Quando eu penso no meu menino eu estresso muito pelo seu futuro. Sobretudo quando eu vejo o que eu vejo.

ENÉE: Vou pedir para outra pessoa. Não é nada de mais. Deixa pra lá.

BETTY: Não. Espera. Pega, eu te empresto meu telefone. Não tem o que fazer. Eu aceito todos os riscos com você.

ENÉE: Obrigado.

BETTY: Não me faça mal, Enée. Em todos os sentidos do termo. Tem tantas maneiras de se fazer mal a alguém. Não encontre nenhuma.

ENÉE: Não tive tempo de ligar pro
Mourad
Quando eu vi o nome
Céleste
Aparecer
No meu telefone
E mesmo se ele tivesse

Aparecido mais de uma vez
Nesses últimos dias
Meu coração se esmagou
No fundo
Do meu corpo

Nas profundezas

Ele se
Esmagou

Porque já de cara eu
Soube
Eu soube
Só de ver
O nome
Céleste
Em letras digitais
Eu soube
Eu sabia

Silêncio.

ENÉE: Eu escutei ela berrar
No aparelho

Eu disse alguma coisa
Que a minha memória
Imediatamente
Evacuou

Eu andei como
Depois
Dos terremotos

Quando a sua orelha
Interna
É afetada

Devolvi o telefone
A Betty

BETTY: Tudo bem? Está tudo bem? Por que você não está respondendo?

ENÉE: Fui me sentar
Longe
O mais longe possível
Mais longe do que longe
Eu fui me sentar nos braços de
Meu pai
Eu me enrosquei nele
Como quando eu tinha
Quatro anos
E não sabia ainda
Como me enroscar

Ali eu não consegui
E ele não sabia mais também
Como me ajudar a me
Enroscar

ROCH: O que é que você tem? Filho, ai. Por que você está chorando? Enée. Foi de ver isso? Também me deu vontade de chorar, sabe?

ENÉE: Mourad. Ele se enforcou.

ROCH: Quê?

ENÉE: Ele se enforcou. No apartamento dele.

Silêncio.

ENÉE: A Céleste encontrou ele.

21. FOTO RACHADA SEM MOLDURA

BAKOU: A cena representa
O retorno de Grinch
Para a *cité*
Durante o jogo França × Alemanha
No dia 13 de novembro de 2015

A gente está perto dos balanços
E a gente se olha de forma ameaçadora
Dando uns chutes de leve
Na grama sintética
Ligeiramente mole
Para amortecer o choque
Das pessoas que caem

Eu estou roendo bastante
As unhas
E eu tenho vontade de arrebentar
A cara dele
Mas na verdade
Corre tudo bem
Porque eu sinto que
Tem que correr tudo bem

GRINCH: Outra noite eu cruzei com uma raposa. Ela estava na calçada. Em plena rua. Em Positano.

BAKOU: Onde é Positano?

GRINCH: Perto de Nápoles.

BAKOU: Era uma raposa italiana.

GRINCH: Eu achei que ela ia sair correndo assim que me visse. Mas não. Ela ficou lá. Imóvel. Como se estivesse empalhada. Eu olhei para ela por um momento e compreendi que eu precisava voltar.

BAKOU: Olhando a raposa.

GRINCH:	Foi o olhar dela para ele que me fez decidir voltar.
BAKOU:	Era uma mensageira.
GRINCH:	Sim.
BAKOU:	E você revendeu a caranga.
GRINCH:	Estava morta. Um cara trocou ela comigo, um Kosovar que tinha uma garagem entuchada de destroços. Me valeu um bilhete de trem.
BAKOU:	Eu não vou perguntar por que você fez isso, mesmo que eu esteja morrendo tanto de vontade de perguntar que na verdade eu acabo te perguntando.
GRINCH:	Eu já te expliquei que foi inexplicável, como todos os gestos de amor.
BAKOU:	É a palavra amor que eu não compreendo. Associada a roubo. Associada a golpe. Associada a filho da puta.
GRINCH:	Por que você não me imagina apaixonado?
BAKOU:	Eu não imagino ninguém apaixonado por você.
GRINCH:	O que se aproxima mais do amor no meu currículo são mortes. Para todas as vidas é assim, no fim dos tempos a gente está mais próximo dos mortos do que dos vivos. Mas, entre os vivos, eu nunca estive tão apaixonado por ninguém.
BAKOU:	Quem?
GRINCH:	Bom, Roch.
BAKOU:	Roch.
GRINCH:	É isso que eu queria ter dito a ele.

BAKOU: Por que você achou que roubar todo o dinheiro dele não era uma prova de amor clara o bastante? Você fez bem em voltar.

GRINCH: Todas essas vidas que parecem propagandas para a vida. Eu não vou te criticar, Bakou, mas a sua propaganda da Barilla, eu achei péssima. Não é crível, jogadores de rúgbi que comem macarrão debaixo das árvores, sem nenhum traço de sangue na cara. Os caras têm as gengivas doloridas, dentes faltando, a cabeça estourada, contusões, lesões, roxos por todos os lados. Mas isso não vende macarrão, então a gente escolhe as carinhas bonitas como a sua, a gente enfia nela uma maquiagem e a gente diz que são jogadores de rúgbi, um belo prato de massa vai fazer eles recuperarem as forças. A vida é como o espírito de cada um, o seu, o meu, não é o altruísmo, nem a benevolência, não é generosa, não é bonita, não é vendável. Isso é talvez o que ela deveria ser, mas ela não é isso. Eu tenho um espírito medíocre, mesquinho, então eu tenho inveja, eu cobiço, eu quebro a cabeça e me digo que eu devo ter uma vida que pareça com uma propaganda da Barilla e um espírito superpositivo, superaberto, supervoltado para o amanhã. Eu tenho uma vida medíocre e o espírito que vai com ela. Você vê, Bakou, já estou melhor agora que disse isso, porque eu te falo do que é e não do que deveria ser. E se eu posso te dizer olho no olho é porque eu encontrei essa raposa.

BAKOU: Eu não sabia que você entendia italiano.

GRINCH: Você quer ir no kebab ver o fim do jogo? É um França × Alemanha, ainda resta um França × Alemanha. Battiston pela eternidade.

22. LOLA

ROCH: Na televisão
Eles fazem o balanço dos primeiros números
Se fala de sessenta, setenta mortos
Só no
Bataclan
Dez dezenas nos terraços dos
Cafés
Mais de cem com certeza
Pouco a pouco os caminhoneiros vão
Dormir nas suas cabines
Com três ou quatro cervejas na cabeça e
Tão rápido quanto possível
Eu tenho meu menino nos braços
Eu o acho grande
A mesa está suja
Tem restos de comida gordura grãos de açúcar
círculos de
Café seco

ANISSA: É incrível o que o Anthony Martial faz
Na ponta esquerda
Ele elimina o Boateng e o Ginter
Atrasa para o Olivier Giroud
Que mete a bola no fundo da rede do
Manuel Neuer

ROCH: Eu estou tentando não pensar mais no
Sofrimento
Não mais colocar a palavra *sofrimento* sobre
Os meus sofrimentos
Nem sobre os dessas pessoas
Essas pessoas
Que a essa hora estão submersas no
Seu sangue e daqui a pouco no sangue

Dos seus carrascos destroçados
Quando se anunciará que a bomba
Debaixo das suas camisetas
Rebentou

Eu estou tentando não pensar mais no
Sofrimento de Mourad
E como a imagem na ponta da
Sua corda
Também é sofrimento
Eu não quero pensar
Sobretudo não quero saber por quê
Todos os porquês
Para quê?

Para fugir do quê?

ANISSA: Meus queridos compatriotas
No momento em que eu me exprimo
Ataques terroristas
De uma amplitude sem precedentes
Estão em curso
Na região de Paris

ROCH: Eu
Sofro
O fato é que
Eu sofro
Minha perna é um cacto cujos espinhos estão
voltados para dentro
Nós sofremos nós sofremos todos
Isso não se explica
O que eu queria entender
É o que contém exatamente o meu sofrimento

ANISSA: Ah como é bonita essa cabeça
Do nosso mexicano
Sobre um centro

Magnífico de Blaise Matuidi
Para o seu retorno à seleção da França
André-Pierre Gignac
Mandou pra dentro

ROCH: Eu aperto o meu filho nos meus braços
No caixa a mulher nos olha fixamente com um
ar estranho
Diria que ela vai chorar
Sobram
Dois caminhoneiros
Os responsáveis pela segurança
Um oficial da fronteira que se abana

ANISSA: Há muitas dezenas de
Mortos
Há muitos feridos
É um
Horror

ROCH: Não sei se a gente vai dormir aqui
Não sei se a gente vai dormir
É preciso que eu comece a fazer morrer as coisas
Senão vai ser violento demais e eu não tenho
vontade de
Gritar com meu moleque que
Eu não quero morrer que eu não quero que não
é possível que não é justo
É preciso que eu comece a morrer um pouco
Seriamente
Que eu coloque um pouco de rigor nessa merda

Desfazer os laços

É disso que se trata

ANISSA: Não vai ter entrevista com os jogadores
Na saída desse jogo
Em razão, eu acabei de saber,
De acontecimentos graves

Muito graves que acontecem presentemente
Em Paris

ROCH: Eu faço morrer cada lembrança
Assim
À meia-noite e pouco
Num café para caminhoneiros
Na fronteira espanhola
No dia 13 de novembro de 2015

Eu faço morrer as minhas lembranças

Eu faço morrer cada instante vivido e enterrado
Ardente sob a terra

Eu faço morrer Enée bebê Enée criança Enée
com quinze anos na beira do lago de Berre
Eu faço morrer essa mulher que é a mãe dele
Desaparecida sem deixar traço
Sobre a mesa
Onde eu deitei o mundo

Eu faço morrer as minhas esperanças
Até fazer morrer a espera
Que está na raiz

Eu faço morrer os deuses
E os presidentes

Morrer meus deveres
Morrer minhas obrigações
Minhas responsabilidades

Eu faço morrer meus lugares
O apartamento
Os balanços
As ruas
A *cité*
Eu faço morrer a estrada
Que nos trouxe aqui

Porque a gente se apega rápido

Eu faço morrer minhas amizades
Obrigado Grinch
Meu Grinch
Obrigado por ter me ajudado a fazer morrer o
dinheiro

E morrer os meus amores
Morrer meu filho
Que eu nunca farei morrer

Eu faço morrer Anissa que
Não morrerá
Também não

ANISSA: É uma prova terrível
Que mais uma vez
Nos assalta
Nós sabemos de onde ela vem
Quem são seus criminosos
Quem são seus terroristas
Nós devemos nesses momentos
Tão difíceis
E eu tenho um pensamento para as
Vítimas
Muito numerosas
Para as suas famílias
Para os feridos
Nós devemos dar provas de
Compaixão
E de
Solidariedade
Mas nós devemos igualmente
Dar prova de unidade
E de
Sangue-frio
Frente ao terror
A França deve ser forte

Ela deve ser grande

ROCH: Então eu serei sofrimento

Até o fim

E os esmagados comigo

[CORTE DA CENA "ESSA COMBUSTÃO DISTANTE"]

23. INFERNO

Estacionamento.

Noite.

Todos estão ali: Roch e Enée, Grinch, Anissa, Betty, Céleste, Bakou, os fantasmas de Filip e Mourad.

ENÉE: Quando os últimos neons
Da área de descanso
Foram desligados
Não restou nada além de alguns carros e os caminhões
No estacionamento
Para-sóis sobre os para-brisas

Uma prostituta andava
De uma cabine a outra
Com seu pequeno lenço
E sua garrafa de água
Mineral

Eu fumava
Um cigarro
Que eu peguei
Da Betty

Antes de dizer a ela
Que eu e ela
Não ia ser
Possível

BETTY: Você é uma mulher maravilhosa
Você é realmente única
No teu gênero
Betty
Oh Betty
Como te dizer?
Você entende
Meu pai vai morrer
Eu não posso
O que
Eu não posso te
Dar
O que você espera
Eu sinto muito
Você merece tanto
Amor

ENÉE: Minhas palavras estavam cobertas
De fósseis
Foi patético

BETTY: A gente pode mesmo assim
Dormir na sua casa?

ENÉE: Ela me deu uma bofetada
Ela acrescentou um pequeno chute simpático
Nas bolas
Me chamou de canalha
E de filho da puta
E aí ela bebeu um copo d'água

BETTY: Dorme aí na ferragem. Pode morrer aí dentro. Na
minha casa você não põe os pés.

ENÉE: Que ferragem?

BETTY: Um Smart preto
Com o teto
Arrombado
É do cozinheiro
Do self-service
Ele não se move do
Estacionamento

ENÉE: E aí ela desapareceu

Eu limpei o lábio que ela
Tinha cortado
Com a sua bifa
E depois eu saí para o estacionamento
Eu fumo
Eu estou
Fumando
E essa prostituta
Está vindo
Na minha direção

BAKOU: [*como prostituta*] Que tal um passeiozinho no céu?

ENÉE: Não, obrigado.

BAKOU: [*como prostituta*] E pelo inferno, quer?

ENÉE: Pelo inferno, sim. Não vou conseguir dormir mesmo.

Com o indicador
Ela desenhou uma porta
Na noite

Entre mim e ela
Sem outro suporte
Além do ar
Ela desenhou uma porta
Invisível
E disse

BAKOU: [*como prostituta*] É aqui.

ENÉE: Eu entrei
Baixando a cabeça
Para não bater

Havia um corredor longo
Eu a segui
Por um minuto ou dois
Parecia
Que as suas paredes estavam
Cobertas
De desastres
Mas a olho nu
Tudo estava embaçado

A gente ouvia
Detonações
Muito longe
Bem perto

Meus pés sentiam
Muitas vezes cadáveres

Uma frase estava escrita
Em cima de uma porta
Barrada

"Aqui o esforço pela pureza é inútil"

Era o inferno
Eu o reconheci
Estava
Disfarçado de estacionamento
Mas era o inferno

Eu não era o único
A ter descido lá:

Havia uma multidão
De pessoas encontradas

Na minha vida
Depois
Esquecidas
Nunca mais revistas
Elas estavam todas lá
E eu me disse

Caralho, cara
Você já perdeu
Uma galera

A perda
Estava lá
Flexível cintilante
Como um flamingo

Senhora Perda
Eu te devo tudo

Eu saí pela
Porta que a prostituta
Tinha desenhado
Com seu indicador de esmalte
Vermelho

Eu cuspi um restinho
De tabaco
Que estava na ponta da minha língua
Um resto de inferno
Encravado entre os meus dentes
Um resto de presente
Colado na minha gengiva
E que estava fazendo ela sangrar

Eu andei até
O Smart preto
Onde o meu pai me esperava
Acabado

Debaixo de uma coberta
Emprestada por um caminhoneiro de Namur

Ele estava do lado do passageiro
Eu abri a porta
Do lado do motorista

Perguntei se ele estava dormindo
E ele não respondeu
Eu disse a mim mesmo que ele estava dormindo
Mas tive medo
Que ele estivesse morto
Então eu perguntei de novo:

Tá dormindo?

Papai?

Ai, papai?

Papai?

Papai?

Tá dormindo?

Você está dormindo?

Papai?

24. ELE CAI

ENÉE: Na morte do meu pai
Houve um dia seguinte

Eu fiquei no
Smart preto

Do lado dele
O cheiro rapidamente ficou nojento
Mas era do meu pai
Então eu fiquei

Eu não caguei em cima dele
Como ele tinha me pedido
Eu não consegui
E depois
Já fedia o bastante assim

Eu não conseguia mais sair do carro
Eu me pus a pensar que eu ia
Passar o resto da minha juventude
Vendo apodrecer o cadáver do meu pai

Bizarramente ele se tornou
Um não humano
Eu nunca tinha pensado que os mortos
Perdiam a humanidade
Mas eu tive essa impressão
Quando ele parou de respirar

Eu ainda era
Dessa espécie
E eu me pergunto como
Ainda o ser

Betty me traz
Umas coisas para comer
Restos
Às vezes até uma coisa quente
Com o cafezinho que vai bem
Ela compreendeu que eu não sou
Mau
Ela não vai mais se suicidar por mim
Isso é bom

Ela acha que o meu pai está dormindo
Que ele está esse tempo todo dormindo

Eu gosto muito da inocência de
Betty
Isso apazigua muito

O melhor neste carrão
É que o rádio
Ainda cospe coisas
Eu o ligo e o desligo
Apostando em alguma canção
A cada vez que eu aperto o power
E ontem
Bingo
Caí nessa música
De Andy Murray
Que estava na playlist do Grinch

Então eu liguei para ele
Ele atendeu
E disse para ele que papai estava
Morto
E que a gente não tinha conseguido
Alcançar
O faroeste
E que a gente não conseguirá jamais
Alcançar
O que quer que seja
E que isso faz de nós
Belos perdedores
Grandes derrotados

Ele me perguntou o que eu ia fazer

Nenhum objetivo na vida
Disse a ele
Nenhuma vontade especial
Eu espero me tornar

Insignificante

Eu acho que é um puta de um desafio

Insignificante

Mas não desesperado

25. AS ÁRVORES FORAM CURVADAS PELO VENTO

ENÉE: A cena representa
O último dia passado
No carrão
Um lenço no nariz
Um guardanapo na boca
Que eu mordia com força
O cheiro não era mais suportável
Eu não podia mais
Depois de quatro dias inteiros
Quatro noites inteiras

A cena representa
Tudo o que eu perdi

Sobre uma
Fronteira
Então longe de tudo

Longe da França
Longe da Espanha
E longe de Portugal

Em parte nenhuma na Europa

ANISSA: É menina.

ENÉE: Ah, bom, é melhor.

ANISSA: Melhor que o quê?

ENÉE: É melhor.

Silêncio.

ANISSA: Você sabe?

Silêncio.

ENÉE: Seja ela minha filha ou minha irmã, o que isso muda?

ANISSA: Nada, eu imagino.

ENÉE: O mundo é velho, ele abre muito a sua boca, a toda hora do dia e da noite. Como os velhotes que a gente cola na MTV, no hospício, e que pedem pelos seus iogurtes.

ANISSA: Você vai voltar?

ENÉE: O vento carrega as colônias de cinzas.

ANISSA: Eu gostaria que você voltasse.

ENÉE: Eu me pergunto se eu tenho o direito de viver tanto como quem quer que seja. Eu não tenho a resposta. Eu não vou voltar enquanto eu não tiver a resposta.

ANISSA: Eu estou te dizendo uma coisa. Eu estou realmente te dizendo uma coisa. Eu estou te dizendo que eu gostaria que você voltasse,Enée.

ENÉE: Não.

ANISSA: Não?

ENÉE: Na rádio eu ouvi que numa ilha na Indonésia, para se reconciliar com a morte, um povo coabita com aqueles que perderam a vida. Quando os vivos comem, os mortos estão à mesa. Quando eles olham as estrelas antes de ir dormir, os mortos olham as estrelas. E depois os mortos, como os vivos, vão dormir na cama que eles sempre conheceram. Então eu, está vendo, eu vou ficar aqui até que o meu pai volte a ser humano.

ANISSA: Eu fico também.

ENÉE: Você não pode, é um Smart.

ANISSA: Você não entendeu quem sou eu. Você não entendeu. Você é um menino que não entendeu nada de mim. Eu também sei perder, o que você acha? Você acha que isso me dá medo? Escuta bem: fracassar, se empobrecer, se perder, desmoronar, se afundar, abdicar, desistir, renunciar, sair vencido, estar aniquilado, perder, apagar, se destruir, sair perdendo, dilapidar-se, desqualificar, desperdiçar, gastar, abandonar, fugir, se sufocar, se atrofiar, morrer, cair, corromper, demolir, arruinar, decrescer, apodrecer, roubar, se esfolar, esquecer, destruir, se destruir, apagar-se, desaparecer.

ENÉE: Ele morreu só em um Smart que não roda mais. Eu estava aqui quando ele morreu. Na beira da Espanha. Na beira da França. Na beira da estrada. É aqui que se morre.

26. SAY IT AIN'T SO

ANISSA: Fala que não é verdade, Joe
Fala que não é verdade, Joe, por favor

Não é isso que eu quero ouvir, Joe, e eu tenho o direito de saber
Eu tenho certeza que eles estão mentindo

pra gente, Joe
Por favor, diz que não é verdade

Eles disseram que o nosso herói teria jogado
seus trunfos
Como seguir vivendo? Ele não sabe de nada
A gente fica viciado nas nossas roupas chiques
e no sorriso determinado
Mas o bom velho tempo cheira a pinheiro
O exército, o império, podem cair
O dinheiro escassear

A palavra de um só
Dá ao país
Seu povo
Mas a verdade assusta

Diz que não é verdade, Joe
Diz que não é verdade, Joe, por favor

Todas as nossas esperanças estão em você,
Joe, e eles estão sabotando o show
Oh, meus amores, vocês não pensam que nós
vamos queimar?
Oh, meus amores, vocês não pensam que nós
vamos todos queimar?
Vamos ser enganados
Vamos ser descobertos
Vamos ser queimados
Vamos ser destruídos

Diz que não é verdade, Joe
Diz que não é verdade, Joe, por favor

Sobre a Coleção Dramaturgia Francesa

Os textos de teatro podem ser escritos de muitos modos. Podem ter estrutura mais clássica, com rubricas e diálogos, podem ter indicações apenas conceituais, podem descrever cenário e luz, ensinar sobre os personagens ou nem indicar o que é dito por quem. Os textos de teatro podem tudo.

Escritos para, a princípio, serem encenados, os textos de dramaturgia são a base de uma peça, são o seu começo. Ainda que, contraditoriamente, por vezes eles ganhem forma somente no meio do processo de ensaios ou até depois da estreia. Mas é através das palavras que surgem os primeiros conceitos quando uma ideia para o teatro começa a ser germinada. Bem, na verdade, uma peça pode surgir de um gesto, um cenário, um personagem, de uma chuva. Então o que seria o texto de uma peça? Um roteiro da encenação, um guia para os atores e diretores, uma bíblia a ser respeitada à risca na montagem? O fato é que o texto de teatro pode ser tudo isso, pode não ser nada disso e pode ser muitas outras coisas.

Ao começar as pesquisas para as primeiras publicações da Coleção Dramaturgia, na Editora Cobogó, em 2013, fui apresentada a muitos livros de muitas peças. Numa delas, na página em que se esperava ler a lista de personagens, um espanto se transformou em esclarecimento: "Este texto pode ser encenado por um ou mais atores."

Que coisa linda! Ali se esclarecia, para mim, o papel do texto dramático. Ele seria o depositório – escrito – de ideias, conceitos, formas, elementos, objetos, personagens, conversas, ritmos, luzes, silêncios, espaços, ações que deveriam ser elaborados para que um texto virasse encenação. Poderia esclarecer, indicar, ordenar ou, ainda, não dizer. A única questão necessária para que pudesse ser de fato um texto dramático era: o texto precisaria invariavelmente provocar. Provocar reflexões, provocar sons ou silêncios, provocar atores, provocar cenários, provocar movimentos e muito mais. E a quem fosse dada a tarefa de encenar, era entregue a batuta para orquestrar os dados do texto e torná-los encenação. Torná-los teatro.

Esse lugar tão vago e tão instigante, indefinível e da maior clareza, faz do texto dramático uma literatura muito singular. Sim, literatura, por isso o publicamos. Publicamos para pensar a forma do texto, a natureza do texto, o lugar do texto na peça. A partir do desejo de refletir sobre o que é da dramaturgia e o que é da peça encenada, fomos acolhendo mais e mais textos na Coleção Dramaturgia, fazendo com que ela fosse crescendo, alargando o espaço ocupado nas prateleiras das livrarias, nas portas dos teatros, nas estantes de casa para um tipo de leitura com a qual se tinha pouca intimidade ou hábito no Brasil.

Desde o momento em que recebemos um texto, por vezes ainda em fase de ensaio – portanto fadado a mudanças –, até a impressão do livro, trabalhamos junto aos autores, atores, diretores e a quem mais vier a se envolver com esse processo a fim de gravarmos no livro o que aquela dramaturgia demanda, precisa, revela. Mas nosso trabalho segue com a distribuição dos livros nas livrarias, com os debates e leituras promovidos, com os encontros nos festivais de teatro e em tantos outros palcos. Para além de promover o hábito de ler teatro, queremos pensar a dramaturgia com os autores, diretores, atores, produtores e toda a gente do teatro, além de curiosos e apreciadores, e assim refletir sobre o papel do texto, da dramaturgia e seu lugar no teatro.

Ao sermos convidados por Márcia Dias, curadora e diretora do TEMPO_FESTIVAL, em 2015, para publicarmos a Coleção Dramaturgia Espanhola na Editora Cobogó, nosso projeto não apenas ganhou novo propósito, como novos espaços. Pudemos conhecer os modos de escrever teatro na Espanha, ser apresentados a novos autores e ideias, perceber os temas que estavam interessando ao teatro espanhol e apresentar tudo isso ao leitor brasileiro, o que só fortaleceu nosso desejo de divulgar e discutir a dramaturgia contemporânea. Além disso, algumas das peças foram encenadas, uma delas chegou a virar filme, todos projetos realizados no Brasil, a partir das traduções e publicações da Coleção Dramaturgia Espanhola. Desdobramentos gratificantes para textos que têm em sua origem o destino de serem encenados.

Com o convite para participarmos, mais uma vez, junto ao Núcleo dos Festivais Internacionais de Artes Cênicas, do projeto Nova Dramaturgia Francesa e Brasileira, com o apoio da Comédie de Saint-Étienne – Centre Dramatique National, do Institut Français e da Embaixada da França no Brasil, reafirmamos nossa vocação de publicar e fazer chegar aos mais diversos leitores textos dramáticos de diferentes origens, temas e formatos, abrangendo e potencializando o alcance da dramaturgia e as discussões a seu respeito. A criação do selo Coleção Dramaturgia Francesa promove, assim, um intercâmbio da maior importância, que se completa com a publicação de títulos de dramaturgas e dramaturgos brasileiros – muitos deles publicados originalmente pela Cobogó – na França.

É com a maior alegria que participamos dessa celebração da dramaturgia.

Boa leitura!

Isabel Diegues
Diretora Editorial
Editora Cobogó

Intercâmbio de dramaturgias

O projeto de Internacionalização da Dramaturgia amplia meu contato com o mundo. Através dos textos me conecto com novas ideias, novos universos e conheço pessoas. Movida pelo desejo de ultrapassar fronteiras, transpor limites e tocar o outro, desenvolvo projetos que promovem cruzamentos, encontros e incentivam a criação em suas diferentes formas.

Esse projeto se inicia em 2015 com a tradução de textos espanhóis para o português. Ao ler o posfácio que escrevi para a Coleção Dramartugia Espanhola, publicada pela Editora Cobogó, constatei como já estava latente o meu desejo de ampliar o projeto e traçar o caminho inverso de difundir a dramaturgia brasileira pelo mundo. Hoje, com a concretização do projeto Nova Dramaturgia Francesa e Brasileira, estamos dando um passo importante para a promoção do diálogo entre a produção local e a internacional e, consequentemente, para o estímulo à exportação das artes cênicas brasileiras. É a expansão de territórios e a diversidade da cultura brasileira o que alimenta meu desejo.

Um projeto singular por considerar desde o seu nascimento um fluxo que pertence às margens, às duas culturas.

A Nova Dramaturgia Francesa e Brasileira reúne o trabalho de dramaturgos dos dois países. Imaginamos que este encontro é gerador de movimentos e experiências para além de nossas fronteiras. É como se, através desse projeto, pudéssemos criar uma ponte direta e polifônica, cruzada por muitos olhares.

Como curadora do TEMPO_FESTIVAL, viajo por eventos internacionais de artes cênicas de diferentes países, e sempre retorno com o mesmo sentimento, a mesma inquietação: o teatro brasileiro precisa ser conhecido internacionalmente. É tempo de romper as fronteiras e apresentar sua potência e, assim, despertar interesse pelo mundo. Para que isso aconteça, o Núcleo dos Festivais Internacionais de Artes Cênicas do Brasil vem se empenhando para concretizar a exportação das nossas artes cênicas, o que torna este projeto de Internacionalização da Dramaturgia cada vez mais relevante.

O projeto me inspira, me move. É uma força ativa que expande e busca outros territórios. Desenvolver o intercâmbio com a Holanda e a Argentina são nossos próximos movimentos. O espaço de interação e articulação é potencialmente transformador e pode revelar um novo sentido de fronteira: DAQUELA QUE NOS SEPARA PARA AQUELA QUE NOS UNE.

Sou muito grata ao Arnaud Meunier por possibilitar a realização do projeto, à Comédie de Saint-Étienne – Centre Dramatique National, ao Institut Français, à Embaixada da França no Brasil, à Editora Cobogó, aos diretores do Núcleo dos Festivais Internacionais de Artes Cênicas do Brasil e a Bia Junqueira e a César Augusto pela parceria na realização do TEMPO_FESTIVAL.

Márcia Dias
Curadora e diretora do TEMPO_FESTIVAL

Plataforma de contato entre o Brasil e o mundo

Em 2015, o Núcleo dos Festivais Internacionais de Artes Cênicas do Brasil lançava, junto com a Editora Cobogó, a Coleção Dramaturgia Espanhola. No texto que prefaciava os livros e contava a origem do projeto, Márcia Dias, uma das diretoras do TEMPO_FESTIVAL, se perguntava se haveria a continuidade da proposta e que desdobramentos poderiam surgir daquela primeira experiência. Após três montagens teatrais, com uma indicação para prêmio,* e a produção de um filme de longa metragem, que participou de diversos festivais,** nasce um

---

* *A paz perpétua*, de Juan Mayorga, direção de Aderbal Freire-Filho (2016); *O princípio de Arquimedes*, de Josep Maria Miró, direção de Daniel Dias da Silva, Rio de Janeiro (2017); *Atra Bílis*, de Laila Ripoll, direção de Hugo Rodas (2018); e a indicação na Categoria Especial do 5º Prêmio Questão de Crítica, 2016.

** *Aos teus olhos*, adaptação de *O princípio de Arquimedes*, com direção de Carolina Jabor (2018), ganhou os prêmios de Melhor Roteiro (Lucas Paraizo), Ator (Daniel de Oliveira), Ator Coadjuvante (Marco Ricca) e Melhor Longa de Ficção pelo voto popular no Festival do Rio; Prêmio Petrobras de Cinema na 41ª Mostra São Paulo de Melhor Filme de Ficção Brasileiro; e os prêmios de Melhor Direção no 25º Mix Brasil e Melhor Filme da mostra SIGNIS no 39º Festival de Havana.

novo desafio: a Nova Dramaturgia Francesa e Brasileira. Esse projeto, que se inicia sob o signo do intercâmbio, dá continuidade às ações do Núcleo em favor da criação artística e internacionalização das artes cênicas. Em parceria com La Comédie de Saint-Étienne – Centre Dramatique National, Institut Français e Embaixada da França no Brasil, e, mais uma vez, com a Editora Cobogó, a Nova Dramaturgia Francesa e Brasileira prevê tradução, publicação, leitura dramática, intercâmbio e lançamento de oito textos de cada país, em eventos e salas de espetáculos da França e do Brasil.

Essa ação articulada terá duração de dois anos e envolverá todos os festivais integrantes do Núcleo. Durante o ano de 2019, os textos franceses publicados sob o selo Coleção Dramaturgia Francesa, da Editora Cobogó, percorrerão quatro regiões do país, iniciando as atividades na Mostra Internacional de Teatro de São Paulo (MITsp). A partir daí, seguem para o Festival Internacional de Teatro de São José do Rio Preto (FIT Rio Preto), Cena Contemporânea – Festival Internacional de Teatro de Brasília e Festival Internacional de Londrina (FILO). Depois, as atividades se deslocam para o Recife, onde ocorre o RESIDE_FIT/PE Festival Internacional de Teatro de Pernambuco e, logo após, desembarcam no Porto Alegre em Cena – Festival Internacional de Artes Cênicas e no TEMPO_FESTIVAL – Festival Internacional de Artes Cênicas do Rio de Janeiro. A finalização do circuito acontece no Festival Internacional de Artes Cênicas da Bahia (FIAC Bahia), em Salvador.

Em 2020, será a vez dos autores e textos brasileiros cumprirem uma agenda de lançamentos no Théâtre National de La Colline, em Paris, no Festival Actoral, em Marselha, em La Comédie de Saint-Étienne, na cidade de mesmo nome.

Confere singularidade ao projeto Nova Dramaturgia Francesa e Brasileira a ênfase no gesto artístico. A escolha de envolver diretores-dramaturgos para fazer a tradução dos textos para o português reconhece um saber da escrita do teatro que se constrói e amadurece nas salas de ensaio. Os artistas brasileiros que integram o grupo de tradutores são Alexandre Dal Farra, que traduz *J'ai pris mon père sur mes épaules*, de Fabrice Melquiot; Gabriel F., responsável por *C'est la vie*, de Mohamed El Khatib; Grace Passô, que traduz *Poings*, de Pauline Peyrade; a Jezebel de Carli cabe *La brûlure*, de Hubert Colas; Marcio Abreu se debruça sobre *Pulvérisés*, de Alexandra Badea; Pedro Kosovski faz a tradução de *J'ai bien fait?*, de Pauline Sales; Grupo Carmin trabalha com *Où et quand nous sommes morts*, de Riad Gahmi; e, finalmente, Renato Forin Jr. traduz *Des hommes qui tombent*, de Marion Aubert.

Outra característica do projeto é, ainda, a leitura dramatizada dos textos. Em um formato de minirresidência, artistas brasileiros, junto a cada autor francês, compartilham o processo criativo e preparam a leitura das peças. Cada um dos Festivais que integram o Núcleo apresenta o resultado desse processo e realiza o lançamento do respectivo livro. Será assim que as plateias francesas conhecerão *Amores surdos*, de Grace Passô; *Jacy*, de Henrique Fontes, Pablo Capistrano e Iracema Macedo; *Caranguejo overdrive*, de Pedro Kosovski; *Maré* e, também, *Vida*, de Marcio Abreu; *Mateus 10*, de Alexandre Dal Farra; *Ovo*, de Renato Forin Jr.; *Adaptação*, de Gabriel F.; e *Ramal 340*, de Jezebel de Carli, que serão dirigidos por artistas franceses.

Essa iniciativa convida a pensar sobre o papel do Núcleo no campo das artes cênicas, sobre seu comprometimento e interesse na produção artística. Temos, ao longo dos anos, promovido ações que contribuem para a criação, difusão, formação e divulgação das artes da cena, assumindo o papel de uma plataforma dinâmica na qual se cruzam diferentes atividades.

A chegada à segunda edição do projeto poderia sugerir uma conclusão, o porto seguro das incertezas da primeira experiência. Mas, pelo contrário, renovam-se expectativas. É das inquietações que fazemos nossa nova aventura, força que nos anima.

Núcleo dos Festivais Internacionais de Artes Cênicas do Brasil

Cena Contemporânea – Festival Internacional de Teatro de Brasília

Festival Internacional de Artes Cênicas da Bahia – FIAC Bahia

Festival Internacional de Londrina – FILO

Festival Internacional de Teatro de São José do Rio Preto – FIT Rio Preto

Mostra Internacional de Teatro de São Paulo – MITsp

Porto Alegre em Cena – Festival Internacional de Artes Cênicas

RESIDE_FIT/PE – Festival Internacional de Teatro de Pernambuco

TEMPO_FESTIVAL – Festival Internacional de Artes Cênicas do Rio de Janeiro

CIP-BRASIL. CATALOGAÇÃO-NA-FONTE
SINDICATO NACIONAL DOS EDITORES DE LIVROS, RJ

Melquiot, Fabrice, 1972-

M486e   Eu carreguei meu pai sobre meus ombros : melodrama épico / Fabrice Melquiot; tradução de Alexandre Dal Farra. – 1. ed.
– Rio de Janeiro: Cobogó, 2019.

208 p.; 19 cm. (Dramaturgia francesa; 5)

Tradução de: J'ai pris mon père sur mes épaules

ISBN 978-85-5591-086-9

1. Teatro francês (Literatura). I. Farra, Alexandre Dal. II. Tí-
tulo. III. Série.

19-58959
                                CDD: 842
                                CDU: 82-2(44)

Vanessa Mafra Xavier Salgado- Bibliotecária- CRB-7/6644

Nesta edição, foi respeitado o Acordo Ortográfico da Língua Portuguesa
de 1990, que entrou em vigor no Brasil em 2009.

Todos os direitos em língua portuguesa reservados à
Editora de Livros Cobogó Ltda.
Rua Jardim Botânico, 635/406
Rio de Janeiro – RJ – 22470-050
www.cobogo.com.br

© Editora de Livros Cobogó

Texto
Fabrice Melquiot

Tradução
Alexandre Dal Farra

Colaboração em tradução
Janaína Suaudeau

Editora-chefe
Isabel Diegues

Editora
Natalie Lima

Gerente de produção
Melina Bial

Revisão da tradução
Sofia Soter

Revisão
Eduardo Carneiro

Capa
Radiográfico

Projeto gráfico e diagramação
Mari Taboada

A Coleção Dramaturgia Francesa
faz parte do projeto
Nova Dramaturgia Francesa e Brasileira

Idealização
Márcia Dias

Direção artística e de produção Brasil
Márcia Dias

Direção artística França
Arnaud Meunier

Coordenação geral Brasil
Núcleo dos Festivais Internacionais
de Artes Cênicas do Brasil

Publicação dos autores
brasileiros na França
Éditions D'ores et déjà

É A VIDA, de Mohamed El Khatib
Tradução Gabriel F.

FIZ BEM?, de Pauline Sales
Tradução Pedro Kosovski

COLEÇÃO DRAMATURGIA FRANCESA

ONDE E QUANDO NÓS MORREMOS, de Riad Gahmi
Tradução Grupo Carmin

PULVERIZADOS, de Alexandra Badea
Tradução Marcio Abreu

EU CARREGUEI MEU PAI SOBRE MEUS OMBROS, de Fabrice Melquiot
Tradução Alexandre Dal Farra

HOMENS QUE CAEM, de Marion Aubert
Tradução Renato Forin Jr.

PUNHOS, de Pauline Peyrade
Tradução Grace Passô

QUEIMADURAS, de Hubert Colas
Tradução Jezebel de Carli

A PAZ PERPÉTUA, de Juan Mayorga
Tradução Aderbal Freire-Filho

ATRA BÍLIS, de Laila Ripoll
Tradução Hugo Rodas

CACHORRO MORTO NA LAVANDERIA: OS FORTES, de Angélica Liddell
Tradução Beatriz Sayad

CLIFF (PRECIPÍCIO), de José Alberto Conejero
Tradução Fernando Yamamoto

DENTRO DA TERRA, de Paco Bezerra
Tradução Roberto Alvim

MÜNCHAUSEN, de Lucía Vilanova
Tradução Pedro Brício

NN12, de Gracia Morales
Tradução Gilberto Gawronski

O PRINCÍPIO DE ARQUIMEDES, de Josep Maria Miró i Coromina
Tradução Luís Artur Nunes

OS CORPOS PERDIDOS, de José Manuel Mora
Tradução Cibele Forjaz

**APRÈS MOI, LE DÉLUGE (DEPOIS DE MIM,
O DILÚVIO)**, de Lluïsa Cunillé
Tradução Marcio Meirelles

COLEÇÃO
DRAMA-
TURGIA
ESPANHOLA

ALGUÉM ACABA DE MORRER LÁ FORA, de Jô Bilac

NINGUÉM FALOU QUE SERIA FÁCIL, de Felipe Rocha

TRABALHOS DE AMORES QUASE PERDIDOS, de Pedro Brício

NEM UM DIA SE PASSA SEM NOTÍCIAS SUAS, de Daniela Pereira de Carvalho

OS ESTONIANOS, de Julia Spadaccini

PONTO DE FUGA, de Rodrigo Nogueira

POR ELISE, de Grace Passô

MARCHA PARA ZENTURO, de Grace Passô

AMORES SURDOS, de Grace Passô

CONGRESSO INTERNACIONAL DO MEDO, de Grace Passô

IN ON IT | A PRIMEIRA VISTA, de Daniel MacIvor

INCÊNDIOS, de Wajdi Mouawad

CINE MONSTRO, de Daniel MacIvor

CONSELHO DE CLASSE, de Jô Bilac

CARA DE CAVALO, de Pedro Kosovski

GARRAS CURVAS E UM CANTO SEDUTOR, de Daniele Avila Small

OS MAMUTES, de Jô Bilac

INFÂNCIA, TIROS E PLUMAS, de Jô Bilac

NEM MESMO TODO O OCEANO, adaptação de Inez Viana do romance de Alcione Araújo

NÔMADES, de Marcio Abreu e Patrick Pessoa

CARANGUEJO OVERDRIVE, de Pedro Kosovski

BR-TRANS, de Silvero Pereira

KRUM, de Hanoch Levin

MARÉ/PROJETO bRASIL, de Marcio Abreu

AS PALAVRAS E AS COISAS, de Pedro Brício

MATA TEU PAI, de Grace Passô

ÃRRÃ, de Vinicius Calderoni

JANIS, de Diogo Liberano

COLEÇÃO DRAMATURGIA

NÃO NEM NADA, de Vinicius Calderoni

CHORUME, de Vinicius Calderoni

GUANABARA CANIBAL, de Pedro Kosovski

TOM NA FAZENDA, de Michel Marc Bouchard

OS ARQUEÓLOGOS, de Vinicius Calderoni

ESCUTA!, de Francisco Ohana

ROSE, de Cecilia Ripoll

O ENIGMA DO BOM DIA, de Olga Almeida

A ÚLTIMA PEÇA, de Inez Viana

BURAQUINHOS OU O VENTO É INIMIGO DO PICUMÃ,
de Jhonny Salaberg

PASSARINHO, de Ana Kutner

INSETOS, de Jô Bilac

A TROPA, de Gustavo Pinheiro

A GARAGEM, de Felipe Haiut

SILÊNCIO.DOC, de Marcelo Varzea

PRETO, de Grace Passô, Marcio Abreu e Nadja Naira

MARTA, ROSA E JOÃO, de Malu Galli

MATO CHEIO, de Carcaça de Poéticas Negras

YELLOW BASTARD, de Diego Liberano

SINFONIA SONHO, de Diego Liberano

2019

1ª impressão

Este livro foi composto em Univers.
Impresso pela gráfica Stamppa
sobre papel Pólen Bold LD 70g/m².